乒乓球文化发展
与运动教学研究

张天羽　周文龙 | 著

吉林人民出版社

图书在版编目（CIP）数据

乒乓球文化发展与运动教学研究 / 张天羽, 周文龙著 . -- 长春：吉林人民出版社，2021.9
ISBN 978-7-206-18439-0

Ⅰ.①乒… Ⅱ.①张… ②周… Ⅲ.①乒乓球运动—研究 Ⅳ.① G846

中国版本图书馆 CIP 数据核字 (2021) 第 180901 号

责任编辑：田子佳
装帧设计：皓　月

乒乓球文化发展与运动教学研究
PINGPANGQIU WENHUA FAZHAN YU YUNDONG JIAOXUE YANJIU

著　者：	张天羽　周文龙
出版发行：	吉林人民出版社（长春市人民大街 7548 号　邮政编码：130022）
咨询电话：	0431-85378007
印　刷：	三河市嵩川印刷有限公司
开　本：	710mm×1000mm　1/16
印　张：	13.75　　字　数：220 千字
标准书号：	ISBN 978-7-206-18439-0
版　次：	2021 年 9 月第 1 版　印　次：2022 年 1 月第 1 次印刷
定　价：	55.00 元

如发现印装质量问题，影响阅读，请与出版社联系调换。

PREFACE 前言

作为中国"国球"的乒乓球，是竞技体育和群众体育中人们较为关注的运动项目，也是国际社会认识中国的重要名片。乒乓球文化对于发展体育文化事业有重要的作用，营造先进的乒乓球文化氛围，能提高乒乓球教学训练的效果。不同个体与社会的和谐发展，蕴涵着培养人、教育人的重要教育价值，赋予人类社会极大的精神财富，推动着人类文明的不断提升，从而使这项体育运动得以发展壮大，尤其是在我国，乒乓球运动早已经成为一种影响巨大的教育文化活动，具有显著的教育价值。

鉴于此，笔者撰写了《乒乓球文化发展与运动教学研究》一书，在内容编排上共设置七章：第一章作为本书论述的基础和前提，主要阐释乒乓球运动的起源与发展、乒乓球文化及其在中国的传播；第二章是乒乓球运动的其他文化现象，内容包括娱乐化视角下的乒乓球运动、比赛视角下的乒乓球运动；第三章分析乒乓球运动教学与训练计划制订，内容涵盖乒乓球教学理念、乒乓球教学的方法与原则、乒乓球课教学建议、乒乓球教学训练计划文件的制订；第四、五章探讨乒乓球运动基本技术教学、乒乓球运动战术教学；第六章论述乒乓球运动的健身价值、乒乓球运动的疲劳与恢复、乒乓球运动损伤及其预防；第七章研究乒乓球运动的身体训练、乒乓球运动的心理训练。

全书内容充实、结构完整、颇具新意。将乒乓球文化发展与运动教学相结合，在注重乒乓球理论知识阐述、扩大知识面的基础上，提高乒乓球运动教学的实践能力。

本书共计 22 万字，由咸阳职业技术学院的张天羽和周文龙合著，张天羽负责第一章至第四章的内容，合计 11 万字，周文龙负责第五章至第七章的内容，合计 11 万字。

笔者在撰写本书的过程中，得到了许多专家学者的帮助和指导，在此表示诚挚的谢意。由于笔者水平有限，加之时间仓促，书中所涉及的内容难免有疏漏之处，希望各位读者多提宝贵意见，以便笔者进一步修改，使之更加完善。

CONTENTS 目录

第一章 乒乓球文化发展

第一节 乒乓球运动的起源与发展 1

第二节 乒乓球文化及其在中国的传播 8

第二章 乒乓球运动的其他文化现象

第一节 娱乐化视角下的乒乓球运动 20

第二节 比赛视角下的乒乓球运动 25

第三章 乒乓球运动教学与训练计划制订

第一节 乒乓球教学理念 47

第二节 乒乓球教学的方法与原则 49

第三节 乒乓球课教学建议 65

第四节 乒乓球教学训练计划文件的制订 69

第四章 乒乓球运动基本技术教学

第一节 乒乓球步法与手法教学 84

第二节　乒乓球球法教学..92

第五章　乒乓球运动战术教学

第一节　单打战术教学..118
第二节　双打战术教学..128
第三节　赛事中的技战术分析..136

第六章　乒乓球运动的保健教学

第一节　乒乓球运动的健身价值..141
第二节　乒乓球运动的疲劳与恢复......................................144
第三节　乒乓球运动损伤及其预防......................................148

第七章　乒乓球运动的身心训练

第一节　乒乓球运动的身体训练..194
第二节　乒乓球运动的心理训练..200

参考文献..209

第一章

乒乓球文化发展

第一节 乒乓球运动的起源与发展

一、乒乓球运动的起源

乒乓球运动是由两名或两对选手分别站在球台的两端,在球台中间隔放一个球网的球台上,用手中的球拍,把对方打过来并击中本方球台的球,还击回去,这样打来打去的一项球类运动项目。乒乓球的特点是:球小速度快,变化多;运动量可大可小,不同年龄、性别和身体条件的人都可以参加的运动。

乒乓球运动的起源与网球有着密切的联系,乒乓球运动英文名为 Table Tennis 即为桌上网球。乒乓球运动于 19 世纪末起源于英国,流行于欧洲。大约在 19 世纪后半叶,由于受到网球运动的启示,在一些大学生中,流行着一种极类似现在乒乓球的室内游戏,发球时,可将球直接发到对方台面,亦可把球先发到本方台面再跳至对方台面。球拍是空心的,用羊皮纸贴成,形状为长柄椭圆形。为了不损坏家具,在橡胶或软木实心球外,往往包一层轻而结实的毛线,在饭桌上支起网来打,有时索性就在地板上用两个椅子当作支柱,中间挂起网来打。虽然打起来不十分激烈,但颇有乐趣,这种游戏当初叫作"弗利姆—弗拉姆"(Flim-Flam),又称为"高西马"(Goossime)。它没有统一规则，有10分、20分为一局的，也有50分或100分为一局的。

自从一位名叫詹姆斯·吉布（James Gibb）的英格兰人到美国旅行时，偶然发现了一种用赛璐珞制成的空心玩具球，弹性很强。于是，他就将这种球稍加改进后，代替了软木球和橡胶球，逐步在英国和世界各地推广起来。由于拍击球和球碰桌面时发出的是"乒""乓"的声音，所以"乒乓"的名字也就由此产生了。最初乒乓球是一种宫廷游戏，欧洲贵族间的一种娱乐活动，后来逐渐流入民间。

二、乒乓球运动的发展

（一）球拍的发展

（1）1880—1900年。19世纪80年代在英国诞生了一种在窄长拍柄、椭圆形空心球拍两面贴上羊皮纸的工具，即长柄羔羊皮纸拍、短柄羔羊皮纸拍。

（2）1900—1950年。1902年英国人库特（Goodea）发明了颗粒胶皮拍。由木板拍进入胶粒拍时代。球拍的演变，加强了击球的旋转性能和速度，促进了削球技术的发展和攻防战术的演变。

（3）1950年以后。奥地利人发明了海绵拍，使球的声音变小、球的速度有很大的提高。在第19届世界乒乓球锦标赛上，日本选手佐藤博治用海绵拍夺得了男子单打冠军。乒乓球拍的演变，推动了乒乓球技术的发展。随后日本人又发明了正贴海绵拍和反贴海绵拍。球拍的革新，加快了进攻的速度，增加了击球的旋转，将乒乓球技术推进到了一个新的阶段。

1959年国际乒联通过了对球拍的限定。规定球拍应是木拍、胶皮拍或海绵胶皮拍，海绵胶皮拍的总厚度不得超过4毫米。随后在我国又出现了覆盖物是长胶粒的球拍；削球打法的运动员，使用长胶和反胶两面不同性能，回球转与不转差别很大。

随着长胶、生胶，防弧海绵拍的出现，乒乓球技术也变得更加复杂了。球拍的演变促进着技术的发展，同时规则对球拍又有了严格的限定，如两面覆盖物必须是一面黑一面红；长胶高度的限定；队员上场后有权力看对方的球拍；不能随意更换球拍等。

（二）世界乒乓球的发展

第一阶段：欧洲乒乓球运动的鼎盛时期（1926—1951年）。1926—1951年共举行了18届世乒赛（1940—1946年因第二次世界大战中断比赛），每年举行一次。17次在欧洲举办，1939年第13届在埃及举行。参赛队主要来自欧洲，匈牙利队获得57.5项冠军，捷克斯洛伐克队获25.5项，英国队获10项。除欧洲外，只有美国队获得过8项冠军，这一阶段的前期，欧洲选手主要靠稳削下旋球取胜对手，力争自己不失误，致使比赛时间打得很长。第11届世界锦标赛女子单打决赛时，美国运动员罗阿隆斯与奥地利运动员普里希的比赛，长时间决不出胜负，大会决定，抽签来决定冠亚军，但是双方都不同意，因此，这一届比赛无冠军。第10届世乒赛中出现的奥地利对罗马尼亚男团决赛，竟然进行了31小时，一场单打进行了7个半小时，一分球进行了1小时20分钟。第11届世界乒乓球锦标赛后，国际乒联对规则做了重要修改。球从软球改为硬球，球网由17厘米降为15.25厘米，球台由146.4厘米放宽到152.5厘米，对比赛时间也做出规定：一场比赛三局两胜的单打，不得超过1小时；五局三胜的比赛不得超过1小时45分钟，禁止发球抛球时用手旋转。规则的变化，开辟了新技术、新打法的发展道路，有力地促进了乒乓球运动的发展。

第二阶段：日本乒乓球全盛时期（1952—1959年）。1952年第19届世界乒乓球锦标赛中，日本队利用海绵拍，采用远台长抽打法和灵活的脚步移动，一举夺得女团、男单、男双、女双4项冠军。在第21届世乒赛上，日本队同时获得男女团体冠军。一直到第25届世界乒乓球锦标赛获得男团冠军，并多次获得5个单项的冠军，共计24项次。这一时期日本选手利用革新的球拍，加快了进攻的节奏，打破了欧洲选手的统治地位，使乒乓球运动的优势从欧洲转到了亚洲。

第三阶段：中国直拍近台快攻打法崛起（1959—1969年）。这一时期，中国队以直拍近台快攻打法开始登上世界乒坛。乒乓球运动迅速地得到普及和提高。1952年我国加入了国际乒联,通过参加几届世界乒乓球锦标赛不断总结经验,逐步形成和创造了"快、准、狠、变"的技术风格。1959年中国运动员容国团在第25届世界乒乓球锦标赛男单比赛中,连续战胜了许多世界名将,为中国夺得了乒乓球历史上的第一个世界冠军。1961—1965年中国队又以此打法,夺得11项冠军,成为当时世界上最先进的打法,它代表了世界乒乓球技术的新潮流。其中在1965年的第28届世界乒乓球锦标赛中,中国队夺得5项冠军,4项亚军,7项第三名,在世界上引起很大震动。中国选手过了欧洲削球关,又战胜了日本远台长抽和弧圈球打法,这标志着中国近台快攻打法把世界乒乓球技术向前推进了一步。20世纪60年代后期,中国队没有参加第29、30届世界乒乓球锦标赛,七项冠军是在日本、朝鲜与欧洲各队之间争夺的。

第四阶段:欧洲复兴以及欧亚对抗(1971—1979年)。20世纪五六十年代,欧洲各国败于日本和中国后,经过反复摸索,吸取了日本的弧圈球技术和中国的近台快攻打法,创造了以弧圈球为主结合快攻,及以快攻为主结合弧圈球的打法。在第31届世界乒乓球锦标赛上,瑞典、匈牙利、南斯拉夫、捷克斯洛伐克等国涌现出一大批富有实力的年轻选手。其中瑞典19岁的本格森连续战胜了中国队和日本队的强手,一举夺得男单冠军。在第32届世界乒乓球锦标赛上,瑞典男队打破了亚洲保持长达20年的团体冠军纪录。到了第33届,男单决赛是在约尼尔和斯蒂潘契奇之间进行的。中国队在第33届和第34届世界乒乓球锦标赛上重新夺回男女团体冠军。在第35届世界乒乓球锦标赛上,匈牙利队在失去男团冠军整整27年之后,从中国男队手中又夺回了斯韦思林奖杯。而南斯拉夫男队在经过25年之后,重新夺得男双冠军。

20世纪70年代的5届世界乒乓球锦标赛,在总共35项冠军中,中国队获得16.5项,匈牙利和日本各获4项,瑞典队获得3项,朝鲜获2.5项。欧洲具有悠久的乒乓球运动历史,在弧圈球技术、战术方面有了很大的提高,他们把旋转和速度紧密地结合起来,旋转较强,速度较快,能拉能打,把乒乓球技术提高到了一个新的水平。欧洲乒乓球的复兴，也促进了中国、日本、朝鲜以及世界各国乒乓球技术的发展。

第五阶段：欧亚对抗激烈，中国抗衡世界（1980—1989年）。这期间我国近台快攻打法有了进一步的发展，创新了高抛发球、加力推、减力挡、推挤弧圈球、快拉快带小弧圈球等技术，这些技术在世界乒乓球锦标赛中显示了威力。1981年中国队在第36届世乒赛上囊括7项冠军和5个单项的亚军，创造了中国乒乓球历史上一个奇迹。此后，在第37届、38届、39届世乒赛上，又连续3次夺得6项世界冠军。中国队攀上世界高峰，结束了世界乒坛多国抗衡的格局，演变成"中国打世界"的局面。

1988年乒乓球运动被列入奥运会正式比赛项目，推动了世界各国乒乓球运动的开展。世界各国重视和加强了乒乓球运动的训练，在1989年的第40届世乒赛上，中国男队痛失了团体、单打、双打冠军，中国男队从顶峰跌入低谷。欧洲人以中远台的相持能力和凶狠的弧圈球技术，冲破了亚洲人前三板的技术优势，世界乒乓球技术朝着积极主动、快速多变的方向发展。

第六阶段：中国再创辉煌（1997年至今）。中国男队在第40届世界乒乓球锦标赛上失去冠军后，第41、42届接连两届又失男团冠军。乒乓球项目进入奥运会后，欧洲职业化迅速发展，各种比赛不断。在第41届世乒赛上，欧洲男队囊括了团体前5名，以瑞典为首的男队，已领先于中国和亚洲各队。

在第42届世乒赛上，中国男双项目有所突破，获得了男双金、银、铜牌以及混双的金牌。从第43届到47届世乒赛上，中国队除了44届、45届、47届失掉一块男子团体、两块男子单打金牌外（47届团体赛未进行），共获得了30块金牌，重新登上了世界乒坛高峰。在第46、47届世乒赛上，为使比赛回合更多，比赛更加精彩，国际乒联对规则进行了修改，乒乓球从38毫米改为40毫米，一局比赛21分改为11分，并且对发球进行了限制，采用无遮挡式发球，让发球更加透明。综观世界乒乓球运动技术与战术的发展趋势，它正朝着更加积极主动、快速多变、技术全面、特长突出的方向发展。

(三）中国乒乓球运动的发展

我国乒乓球运动是在1916年开展起来的，早期只有上海、北京、天津、广州几个大城市的教会开展，中华基督教青年会上海分会童子部首先开设乒乓球房，有球台9张，但一般市民无缘入内。1918年，上海率先成立全市的乒乓球联合会和其他一些组织，不少球队纷纷建立，并于1923年首次举办了比赛。比赛采取对抗方式，11人参赛，先胜六盘者为赢。同年，全国乒乓球联合会在上海诞生，中国乒乓球运动从此得到了初步的发展。在1935年、1948年曾举行过2次全国性的乒乓球比赛。1935年，中华全国乒乓球协会成立。此前此后举行过各种规模、相当数量的国内国际乒乓球比赛。

1.20世纪五六十年代开始领先于世界

中华人民共和国成立后，我国的乒乓球运动得到了飞速发展。特别是在20世纪50年代，我国在全国范围内开展了群众性乒乓球运动，使乒乓球技术水平得到了很大提高。1959年我国优秀运动员容国团第一次夺得世界乒乓球锦标赛的男子单打冠军，标志着我国乒乓球运动在世界的崛起。1961年我国主办了第26届世界乒乓球锦标赛。在这届比赛中我国运动员力争上游，一举夺取了3项冠军，包括争夺最激烈的男子团体冠军奖杯——斯韦思林杯。从此，我国乒乓球运动走到了世界前列，突出的成绩，带动了全国群众性乒乓球运动的发展，形成了全国乒乓球运动热。1965年男女队共获得5项冠军，我国乒乓球运动水平处于世界前列，震动了世界。

2.20世纪70年代技术创新改革与发展

从1971年脱离两届世锦赛的中国运动员重返赛场，参加了第31届世锦赛，在此次大赛中，中国队夺回了斯韦思林奖杯，同时夺得了女单、女双和混双冠军。

在此期间，中美两国开展了著名的"乒乓外交"活动，运动员的互访打开了两国人民友好往来的大门。在技术上，欧洲选手已吸收了中国的快攻和日本的弧圈球技术，创造了横握球拍，速度与旋转相结合的打法。此时中国队在技术指导思想上也有所发展和创新,即在原有的"快、准、狠、变"的基础上增加了一个"转"字,直板正胶普遍增加了上旋球,随后1973年(32届)至1979年(35届)世乒赛中国队又取得了可喜的成绩。

在破弧圈球方面也有了新技术,挑选了一批队员改打直板反胶,形成了新型的直板反胶进攻打法,以及横直板两面不同性能球拍的"倒板"打法。在此期间,中国队认为技术创新才是保证常胜的唯一途径,发球的创新如侧身高抛发球、快点、反手快带、反手加力推以及侧推、推下旋、推挤,这些技术都是在弧圈球的逼迫下探索出来的新技术。这些探索和创新,为20世纪80年代中国队乒乓球技术的提高和发展,奠定了坚实基础。

3.20世纪80年代培养人才再创辉煌

中国队在第32届、35届、40届世界乒乓球锦标赛男子团体赛中分别负于瑞典队和匈牙利队。在1981年举行的第36届世乒赛上,我国的乒乓球运动水平达到了一个新的高峰,中国乒乓健儿经过奋勇拼搏,夺得了7项冠军,创造了乒坛历史上的奇迹,中国在奥运会中占据了乒乓球项目的优势。中国队在这一阶段取得较好成绩的主要原因是:大胆启用新人、人新球艺新。新一代运动员成长起来,几乎获得所有乒乓球比赛的金牌。

在20世纪80年代的5届世乒赛中,中国运动员获得了金牌总数的80%。中国队取得的优异成绩,加强了各国对中国队的研究,中国队的优势受到潜在的威胁。

4.20世纪90年代为国争光攀至高峰

20世纪90年代世界乒坛向着多元化方向发展,世界各国向我们提出了挑战。在第41届世乒赛上男队成绩跌至第7名,女队也在决赛中败给朝鲜南北联队。第40届和41届世乒赛上的失利,使得中国队痛定思痛,认真总结经验教训,抓管理,树信心,搞技术创新,加快对新人的培养。在第42届世乒赛上,中国队夺得女团、男双、女双和混双4项冠军和男团亚军。队伍走出低谷,为中国乒乓球运动再创辉煌奠定了基础。

5.21 世纪世界乒坛的顶峰

2020 国际乒联男子世界杯于 11 月 13 日至 15 日在山东省威海南海奥林匹克中心举行举办。2020 年 11 月 15 日，2020 年乒乓球男子世界杯的决赛在马龙与樊振东之间展开，最终樊振东 4-3 胜出获得冠军。樊振东夺得个人第四个世界杯单打冠军。

第二节　乒乓球文化及其在中国的传播

一、乒乓球文化分析

（一）乒乓球文化的内涵与外延

"文化"一词作为各种论著和日常语言中使用最为频繁，含义最为分歧的名字之一，它的标准与统一定义是很难做到的，我们把乒乓球文化作为现代乒乓球运动特有的一个理论问题来研究，特别是乒乓球作为中国的国球，大家对乒乓球这种"国球文化"认识都比较熟悉的情况下，在当今乒乓球文化可持续发展的背景下，对乒乓球文化的含义必须有一个比较贴切和统一的理解，这是我们研究乒乓球文化及其传播首先必须解决的问题，否则研究与发展都无从谈起。要弄清一个概念的含义必须从内涵与外延两方面着手。一个概念的内涵应该指向它的定义，而定义必须揭示出这个概念所指事物的固有的特有的本质。

1. 乒乓球文化的内涵

乒乓球文化是人们在社会实践中不断创造、总结积累下来所形成的乒乓球运动方式及创造的物质财富与精神财富的复合体。它是人类在社会历史发展的社会实践中产生，因此，乒乓球文化肯定也是一种历史现象，是历史发展的体现。不论人们主观承认不承认,乒乓球文化从客观上讲,其存在着一种非常强烈的、难以分割的历史传统性质。虽然,乒乓球文化的历史传统,在长期的历史发展及传播历程中,其性质可能会逐渐发生一些改变或变化,但这种变化如果要形成一种社会风气,潜移默化地影响人们的社会生活,需要在很长的历史发展过程中才能实现。乒乓球文化传统的历史性改变,是一个长期的缓慢的历史过程,这个过程往往被人们所忽视,大多表现出对它并不多么在意。但是,这种文化传统的性质一经改变,即使是小部分或部分的改变,也将对人类社会生活产生极大的冲击,影响到人们对此类文化的观念认识及价值取向。

乒乓球文化由许多的要素构成,这些要素是乒乓球文化价值、使用价值及其文化附加值的具体统一。乒乓球文化要素包括显性的文化,如乒乓球馆、乒乓球器材及相关硬件设施;还包括隐形文化,指乒乓球运动生产、交易、消费等过程发生的,人们对乒乓球的地位、品味、感受、感觉、认识、情感、情节、广告、设计以及音乐等文化因子,这些诸多要素,是乒乓球文化最具特色最具核心的因素,发展乒乓球文化其实质就是通过开发这些文化因子来迎合人们的价值观念、意识形态及生活习惯,等等。

乒乓球文化具有较强的健身健心以及利国利民及促进社会发展进步的特征;它以物质和精神的形式存在于世界体育文化中;相对其他类型的文化规模而言,乒乓球文化规模看似较小,可其功能不容小觑,依然广泛而强势,乒乓球文化的内涵决定和昭示了乒乓球运动发展的光辉灿烂前景与蓝图,也使得加强文化的研究与建设显得迫切和重要。

2.乒乓球文化的外延

清楚了乒乓球文化的内涵,还必须对乒乓球文化的外延有深刻把握,否则我们对乒乓球文化的理解仍然是非常抽象的。对文化而言,把握文化的外延是一件非常不容易的事情。我们也无法把所有的文化因子全部陈列出来,但我们可以通过其内涵来分类别地列举其组成部分包括哪些因素。但必须要清楚三个前提:①政治、经济与文化包括了人类全部的社会现象,三者之外就是自然界；②政治、经济与文化三者之间具有相互包容的关系，尽管如此，从概念上而言是有区别的；③就文化而言，其各个组成部分毫无疑问会存在一些交错或交叉，但它们之间界限应该具有明显的区别。乒乓球文化的外延也是如此，通过这样的一个比较，可以把乒乓球文化的外延表述为若干的社会文化现象。

（1）乒乓球技术。乒乓球技术是乒乓球运动发展的核心，乒乓球运动的起源与发展都是围绕着技术核心，技术直接反映和推动乒乓球文化的发展。乒乓球运动发展到现在，其技术已经日新月异。从乒乓球起源开始时的双方互相的推来推去，到后来削球的发展，以及后来的横拍弧圈结合快攻、两面不同性能球拍倒拍技术、直拍反胶快攻、小弧圈、反手高抛发球、直拍弧圈结合两面攻、直拍横打、反手盖打弧圈直线、侧身正手右侧旋发球，到现代的反胶近台快攻+直拍横打、横拍近中台快攻结合、拉冲弧圈、横拍弧圈结合快攻、横拍攻削结合与削攻结合等。新技术可以大幅度地提高选手制胜因素的水平，从而可以有效地对对手施加压力，造成对手对新技术的不适宜而获得有利局面。就我国乒乓球界发明的近台快攻有效地提升了进攻的速度，而"倒拍"技术（不同性能球拍的转换）在"变"中占据了先机。技术创新是乒乓球发展的不竭源动力，其从对抗中获得灵感，又在对抗中获得发挥空间，可见新技术的运用和实施在对抗中具备非常明显的优势。

（2）乒乓球思想及其理论。乒乓球思想及其理论是乒乓球技战术的直接反映并直接指导乒乓球技术的变化。乒乓球从起源到现在，已经历经一个多世纪的历程，其乒乓球思想与理论也在与时俱进，不断变化发展。乒乓球基本的思想和理论就是如何更好地发挥技战术特点，争取优胜。为了取得更好的成绩，必须坚持、建设性地丰富和发展乒乓球思想及其相关理论，保证占主导地位的乒乓球思想与技术居于领先，同时也需要吸收其他各种合理的乒乓球思想。

（3）相关的指导刊物。乒乓球相关的指导刊物包括技战术与规则方面的刊物。乒乓球相应的刊物是乒乓球文化最为重要的组成部分之一，是乒乓球运动历史实践的产物，它服务于乒乓球运动及其竞赛的实践，贯穿于乒乓球文化为主体的一切领域。乒乓球文化的新闻出版事业也是另一个具有综合性的文化元素。新闻工作以报道实时发生的重要事件为主，实际上包罗万象，出版工作更加如此。新闻出版运用文字、语言、视图、电视广播、网络、微博等传播工具来连接整个世界，影响到每一个人，在乒乓球文化领域具有重要的作用和地位。

（4）规则。乒乓球从自主游戏，到国际化、组织化、正规化的竞赛形成，规则起了重要的作用。多年来，乒乓球竞赛规则的演变，对乒乓球技战术的创新与发展，以及乒乓球文化更大范围的广泛传播，都起到非常积极的推动和制约作用。出于各种乒乓球未来的发展，在规则范围许可的条件下，各个时期都一直在积极进行乒乓球器具的改革，尤其在球拍胶皮方面，发展至今，相继有反胶海绵拍、长胶、生胶和正胶问世，也带来了风格迥异的各种打法，丰富了乒坛竞技内容，使之充满了勃勃生机。

（5）乒乓球文化艺术。文化艺术是最具有广泛群众性、大众性的文化现象，可能有人不懂艺术，但没有人不欣赏艺术，因为艺术对人的思想观念、情感情绪、价值观念等具有最为强大最大刺激的感染作用。从1900年开始，乒乓球艺术品逐渐增多，品种也多种多样，从优美手工刺绣的乒乓球坐垫、乒乓球穿线解谜、球拍艺术品、相关乒乓球装置、乒乓球打火机、乒乓球小刀、乒乓球发夹、瓷器、玉器、水晶、烟斗和乒乓球银质餐具，等等，当然还有乒乓球的相关音乐，这些艺术品引导人们在欣赏乒乓球文化的过程中培养了健康的情感，高尚的趣味，端正的思想态度，以及积极向上的人生态度和为人处事的原则。

（6）乒乓球的教育以及教育思想。乒乓球教育作为一个独立领域是无法与任何一个乒乓球文化现象分开的。乒乓球教育活动本身就是一种特殊的文化活动（包括乒乓球知识、技能的传授与学习、思想品德的陶冶与修养、身体锻炼与精神意志品质的培养等）。乒乓球教育在乒乓球文化中具有综合性和代表性。乒乓球教育水平的高低决定着一个国家甚至一个民族乒乓球文化水平的优劣，要提高乒乓球文化的水平，加强教育途径是重要的环节。从世界各国看来，在乒乓球起源后，乒乓球文化在欧洲传播，大众乒乓球文化对欧洲的冲击，教育了欧洲的游戏爱好者，也使欧洲的乒乓球技术在当时处于领先状态。在当今，我国的乒乓球文化教育渗透到学校教育中去，从小学到大学，乒乓球都占据着体育文化教育的一个重要方面，所以这也是我国乒乓球成为国球，在世界乒乓球竞技和群众参与上，都处于明显的优势地位。

（7）乒乓球的公共设施及其活动。乒乓球的公共设施及其活动，是由政府或社团设立面向社会大众服务社会大众的文化设施及其活动。例如，乒乓球馆、乒乓球博物馆，这都是一种综合性的活动，是重要的不可缺少的文化活动。在2010年中国世界乒乓球团体挑战赛期间，在上海举办"世界乒乓球历史文化回顾展"。从1901年证明乒乓球传入中国的明信片，到早期画着宫廷仕女图的木质球拍，从英国贵族手持羊皮球拍击球的绘画，到北京奥运会国乒夺冠的大幅图片，上海体育博物馆提供了30件乒乓球发展历程中的各类器具、纪念物，配合图文并茂的展板，为乒乓球爱好者普及了乒乓球历史。使观众受到了乒乓球文化的熏陶和深刻的教育。

（二）乒乓球文化的特性与功能

1. 乒乓球文化的特性

乒乓球文化与其他形态的文化形式相比较，具有独特的文化特征，而这些特征对于我们了解乒乓球文化的功能和社会意义作用巨大。乒乓球文化具有以下特性：

（1）全面性和特殊性。全世界的人把乒乓球运动作为休闲娱乐和排遣社会压力的一个好的运动项目。乒乓球是一种非接触式运动，它使用的球一个重量只有几克，受伤的风险极小，因此是一个无任何风险的运动。乒乓球的速度、旋转和落点对乒乓球运动至关重要，该运动要在较短的距离快节奏的运动，要求动作敏捷，反应迅速，所以它可以提高大脑神经反射的速度，该运动需要突然的发力和迅速还原，也可以提高发展人体肌肉快速启动的能力。

在大肌肉群和小肌肉群方面，锻炼价值也非常大，两方面都可以得到提升。在比赛过程中，主要以有氧活动为主，运动员可以自由掌控活动量的大小。

乒乓球被准确地描述为"高速象棋"，其在运动中要求在极短的时间内考虑到很多技术方面的问题，尤其对发展神经警觉性价值甚大。乒乓球作为一个排解社会压力，全年都可以运动的好项目，它是世界上极少数不用考虑竞技相关因素如年龄大小、身高和性别的体育项目，这使它被认为是世界上最受欢迎的体育运动之一。

（2）参与性。乒乓球作为一种体育运动项目具有广泛的社会基础，其运动特点是隔网对抗项目，对参与者身体条件的要求相对较为宽松，不分男女老幼，不分身体条件好坏，是老少皆宜的一项大众运动。乒乓球规则不是很复杂，通俗易懂，大众很容易参与到比赛与欣赏比赛中去。所以乒乓球的特点使人们不仅较为容易的参与到运动中去，亲身力行投入其中，而且通过电视、网络和其他现代大众媒介观看和欣赏各种乒乓球比赛，以及各种乒乓球文化展览等，便于大众对乒乓球文化价值的直观感受，使其呈现了平民化的发展趋势并体现大众文化状况。

（3）娱乐性。乒乓球最初起源就是来自休闲娱乐的创意，它起源于游戏，娱乐性是它的本质与天性。来源于桌上网球的乒乓球当初就是为了开发新的游戏来满足人们娱乐的需求。乒乓球运动对于参与者而言既追求健身的功能又要追求教育的功能，但是对于乒乓球观赏者而言，娱乐性应该是他们最大的追求，乒乓球比赛吸引了世界的观众，人们从乒乓球的精彩比赛中获得了极大的满足和享受。随着世界经济和社会的不断发展变化，闲暇时间增多，人们物质生活水准的逐步提升，整个社会的消费观念与消费结构也随之发生了非常大的改变，精神上的需求越来越引起人们的重视，参与各种休闲方式成了人们的选择。乒乓球也成为人们余暇休闲、健身健心的首选之一。人们通过乒乓球进行娱乐采用不同的途径与方式来获得，就中国而言就有多种多样的不同娱乐方式，如湖南的"乒乓球嘉年华""乒乓球花样表演"，等等，当今愈加受到人们的欢迎，乒乓球也越来越具有娱乐价值。人们不仅从乒乓球的亲身体验中感受到身体和心理满足，而且在此过程中还可以通过此方式来达成朋友交往与聚会、商业洽谈等目的。

（4）观赏性。乒乓球运动"小、快、灵、准、狠、变"的独特特点使其充满特殊魅力，高水平乒乓球比赛能给人留下深刻的印象，人们在享受高水平比赛带来的强烈视觉冲击的同时，也对乒乓球运动有了更为直观更为深刻的认识，所以说乒乓球具有非常高的观赏价值与作用。同时乒乓球文化在长期历史的演化中也给世界留下了宝贵的物质遗产财富和精神遗产财富。

（5）竞争性。乒乓球作为一种隔网对抗项目，作为一种竞技比赛本身具有竞技特征，不同水平的人们可参与不同级别的比赛，如同行业的比赛、同城的比赛、同州同地区的比赛，当然还有高级别的世界比赛，如乒乓球锦标赛、奥运会乒乓球比赛、乒乓球世界杯赛，还有如我国的乒乓球超级联赛，直通世锦赛的选拔赛，等等。乒乓球文化在世界各地的发展由于各种原因存在明显的差异，就如体育文化的差异一样，在不同的国度发展水平非常不均衡，以世界而论，目前世界乒坛的格局是"世界打中国，中国打世界"。可见乒乓球文化在不同的国度间存在竞争。

（6）民族性。不同地区和不同民族的乒乓球运动都具有各地区各民族的文化风格，乒乓球文化具有民族性的深深烙印。一个国家一个民族的乒乓球文化，与其民族心理、价值体系甚至社会制度等密切相关。

（7）市场性。随着人们生活水平的提高，人们目前的消费观念更注重精神生活上健康、舒适、休闲、高品位等方面的满足。乒乓球文化作为一种文化现象产生并快速发展，根本原因在于能够满足人们休闲娱乐及强身健体的需求，以及心理压力释放与自我满足的实现。同时从经济学视角来看，乒乓球文化的市场效能已经被凸显和证实，可以带来较大的社会市场效益与功能。目前乒乓球运动市场化程度正在紧锣密鼓地进行，其拉动经济的效应越来越明显。

2. 乒乓球文化的功能

乒乓球从一项休闲活动发展到现今风靡世界参与人数众多的一项运动，它能发展如此之快得益于乒乓球是一项安全、快乐、健康和真正的终身体育运动，其功能表现如下：

（1）教育功能。乒乓球文化也具有心理教育的重要功能，能有效地发展人的感知觉、快速记忆与思维等方面的能力。

（2）娱乐功能。乒乓球的娱乐功能越来越引起人们的关注。乒乓球易于开展，能极大地缓解现代社会发展带来的一些疾病及不利影响。就经济条件相对较差的地区而言，人们受限因素影响较大，受到了各种各样条件的制约，文化娱乐项目相对较少。而乒乓球的简单和便于开展，能在一定程度上承担人们参加娱乐项目的机会与种类选择。

（3）经济功能。如今乒乓球产业已成为新的经济增长点，它不但能提高社会经济收益，创造就业机会，而且在扩大国内需求、推动经济持续增长方面发挥重要的作用。随着现代社会的快速进步与发展，"文化产业"的发展已经如火如荼，其经济功能在现代社会越来越凸显并得到充分发挥。我国的乒乓球文化产业早已经广泛地渗透到了国民经济的各种产业结构之中，日本的乒乓球制造业也势猛如虹，在社会经济发展中占据了非常重要的地位。

（4）政治功能。体育与政治的关系存在互动，它们之间相互影响和相互作用。第一，政治的发展为体育运动发展提供强有力的支持；第二，体育的性质、价值观念与管理制度受限于政治的性质；第三，体育能够提供和满足政治特殊需要。对乒乓球文化而言，其与政治也是联系紧密，相辅相成。我国的乒乓球历史和现实已经无可争辩地证实，在振奋民族精神、凝聚民族情感、促进国内精神文明和物质文明和谐等方面，乒乓球文化已经发挥了巨大的政治功能。

二、乒乓球文化在中国的传播

（一）乒乓球文化在中国的人际传播

作为人类最常见、最重要、最直接、最复杂的社会行为之一，人类社会的诞生和发展、文明的孕育与传承、生产生活的维系与运转等在很大程度上都依靠着人际传播。乒乓球的萌芽与发展，首先就是建立在自我传播的基础上，其表现形式则以人际传播为主。在现代中国，乒乓球已经深入中国社会，产生了广泛的社会影响。无论是对抗性的乒乓球单打还是需要配合的双打，无论是与教练的场下交流还是人际互动的全民健身，无论是亲人朋友之间的乒乓球游戏，还是拜师学艺、各地交流，抑或是乒乓球文化展览，解说员的详细介绍，乒乓球的人际传播在诸多方面都得以表现。从乒乓球在现代中国的具体实践中我们可以看到，在乒乓球文化的全部过程中几乎都有人际传播相伴随，可见乒乓球传播其外显性的最直接体现就在于它的人际传播。乒乓球运动的人际传播在于反馈信息及时，互动频繁，最大的优点就是通过手把手的言传身教，很容易把独门技术传授下去。中国乒乓球运动的发展，靠的就是技术上的不断创新和发展，不断充实和完善着乒乓球运动的各方面技战术。人际传播尤其对初学者而言，主要通过人际传播而达到技术上的认识，但人际传播的弱点也显而易见，相对而言比较封闭，人际交流整体的面难以扩大，而且进展缓慢。

人际传播是人们完成乒乓球运动并使乒乓球技术日臻纯熟的内在需求，同时也是人们了解乒乓球历史和文化的一种有效途径。非正式的人际交流是人们提高运动技巧、获得乒乓球文化教育、获取一切相关信息的最有效的信息传播方式。就目前而言，虽然各种现代的电子媒介已经十分发达，但是就乒乓球技术方面，运动员在训练中，教练员、队友、朋友、亲人之间等人际化的交流仍是其技术水平提高最有效的方式。乒乓球人际传播是一种较普遍的、较常见的人际传播活动，通过这种形式传播者可以有效地向他人展现自我、在他人的反应中认识自我，以人际互动中的信息来消除自我评估的不确定性，与此同时频繁地与他人进行的人际接触有利于了解他人进而加深对社会的了解。乒乓球爱好者通过球艺交流，了解彼此的优势和缺点，同时进一步加深了对彼此的深度认识。人与人之间的亲身传播也是一种真正的心灵的交往，个人能够摆脱精神上的孤独感，使心情得到愉悦，使精神状态得以提升，也构成了心理压力释放的渠道之一，这种交往能够满足人的深层次的精神和心理需求，这也是为何众多的乒乓球爱好者经常奔波，不辞辛苦，到处交流、拜师学艺的原因之一。

人际传播作为一种乒乓球文化传播的形态，在当代非常重要，并且也会在相当长的时间一直存续下去，当然，随着乒乓球爱好者和群众活动人数的增多，单一的人际传播方式显然不能满足乒乓球与时俱进的传播要求。

（二）乒乓球文化在中国的群体传播

群体的形成对于社会而言具有重要的意义，它既是人们生活的单位，又是社会的基本结构。群体作为社会的中观系统（或者"局部社会"）而将个人与社会联结起来。群体还通过一些特殊意义与规范产生了群体中的文化共识，这些意识又成为联系群体认同的纽带。

在体育传播中，无论是大众乒乓球运动还是专业队层面上的乒乓球竞技，经常在一起打乒乓球的人群往往构成了一个初级群体，这个乒乓球群体的维系则以乒乓球运动过程中的传播为根本，因此乒乓球群体存在的过程也就是传播的过程。乒乓球群体是一个较为特殊的群体，这一群体又分为乒乓球运动群体、乒乓球组织群体、乒乓球教育群体等。对于这三个主要群体而言，又有其各自的特点和群体规范。

乒乓球运动群体因体育而将其成员集合起来，我国乒乓球运动群体在现代有着较为广泛的范围，有国家队、各省市专业队，也有大学的乒乓球队伍等，各自目标有着鲜明的区别。

乒乓球组织群体是体育比赛的组织者形成的群体，所以这种群体不同于组织，而更多的是建立在人际传播基础上的非组织性的隐形群体。在现代我国，乒乓球的组织繁多，级别和组织水平也存在很大的差异，这种群体的成员因特定的群体意识和群体认同而维持群体的状态，在处理乒乓球突发以及对情况的判断上有着相近性，如对规则的理解，对运动员资格认定，对组织比赛的把握和达到何种组织标准，他们在其内部形成了一定的群体规范，新加入群体的成员能够在为人处事中逐渐感受到并趋同于这样的规范，从而摆脱个人的孤立而融入传播。

乒乓球教育群体，在我国，现在最常见的就是乒乓球运动学校或大学，如中国乒乓球学院，著名的中国乒协乒乓球运动学校、上海曹艳华乒乓球学校、保定乒乓球学校，等等。当然还有很多省市的体育运动职业技术学院，这些学员亦文亦武。当然，在很多高校也有乒乓球系或乒乓球专业，他们是正规而又高级的乒乓球教育群体，进入这些学校学习的一部分人就是练习乒乓球技战术，一部分人接受的教育就是如何做培养人的教师；另一种就是专业教练。对乒乓球而言，乒乓球文化群体的传播方式，也是通过大中小学的普及，来达到乒乓球文化传播的广度与深度。

（三）乒乓球文化在中国的组织传播

组织在现代社会中扮演着越发重要的角色，甚至社会组织化的程度已经成为现代社会发达程度的标志之一。随着社会的不断向前发展，现代乒乓球运动的组织化日益完善和分化。我们已经看到，当今中国各种各样不同形式的乒乓球组织分布于各地，对乒乓球运动的开展和乒乓球文化在我国的传播发挥着相当重要的作用。乒乓球组织的建立健全过程就是我国对乒乓球文化认可的一个发展过程，也是对乒乓球功能与形式的挖掘与发展过程，在这一过程中传播以一种渗透式的状态发挥着极其巨大的作用，使得体育组织内部、体育组织之间以及体育组织与媒介的关系形成一种既潜在又显在的传播关系。乒乓球的组织传播是基于乒乓球组织所进行的信息传播活动，这种活动的开展以乒乓球的组织目标的达成和组织功能的实现为核心，乒乓球组织成员以此为基点在成员之间和乒乓球组织与外环境之间进行信息传播以协调组织关系，服务于乒乓球组织的存在和发展。

乒乓球组织传播的立足点在于乒乓球组织的形式及其内部成员，传播的方式集合了人际传播、群体传播以及通过媒介进行的内部信息交流。这样的交流能够在最大的程度上使乒乓球组织的结构得以激活，并通过乒乓球组织对成员的集合扩大效应而实现乒乓球的组织目标。乒乓球组织传播的可信性与其组织的权威性密切相关。

第二章

乒乓球运动的其他文化现象

第一节 娱乐化视角下的乒乓球运动

一、乒乓球运动文化娱乐性的形成

体育的娱乐化是体育真正大众化、普及化的必经之路，体育与娱乐融合所带来的趣味，与其激烈的竞技成分一样，都是吸引观众眼球的要素。乒乓球起源英国，是一种男女老少皆宜的体育运动方式，经过了一个多世纪的发展演变，乒乓球运动已成为人人都能参与的竞技运动。乒乓球运动最早作为餐后娱乐休闲的一种生活方式，与音乐舞蹈等充当社会交际、健身等的一种生活方式，经过一百多年的演变与发展，已经融入大众之中，到处都能找得到乒乓球的身影。

由于乒乓球运动项目的特征，不受身体素质的限制，不受年龄、性别和天气等的限制，有着广泛的活动人群，随着一些社会大众对竞技的弱化，甚至乒乓球运动还成为如同滑板一样成为一项引领时尚的运动，其作为大众文化娱乐的特点愈显突出。无论国际乒联还是世界各国乒协，都推出了乒乓球发展计划，众多不同形式和风格的业余乒乓球比赛风起云涌，形成了乒乓球运动大众化的画卷和文化景观。

人们通过体育娱乐活动既可以满足其有机体活动的本能需求，在身体活动中获得快感，同时又能使个体在这种娱乐方式中与社会的其他个体愉快地交往，并在其中尝试人类智能对自然界物资、能量和信息的转化成果，品味个中乐趣。因此，体育娱乐活动是人类特有的一种娱乐方式，它源于人类作为自然物对有机体运动的冲动，但又为人类的社会性所改造。特别是在社会工业化和自动化发展的今天，人类体力劳动的减轻和社会紧张因素的增强，以及社会闲暇时间的日趋增多，更多的人开始面临如何打发和消磨由于技术改造和社会进步而获得的越来越多的闲暇时间问题，这些需求和问题导致了满足和解决方式的寻觅，人们企图从各种各样社会活动中，寻求那种既能使机体得以适当的运动，又能使精神获得松弛，同时还能有益地打发闲暇时间的多功能活动方式，于是体育娱乐活动便顺其自然地被社会的发展推至人们社会生活的舞台前沿，成为人们满足其自身需求的必要手段和方式。

乒乓球起源人们的娱乐需求，当初就是为寻求一种新的娱乐方式来满足人们的一种情感体验而产生，人们不仅可以通过乒乓球文化的竞赛表演，抑或是乒乓球历史产物和乒乓球艺术品的观赏而达到满足自身的需要。如果过去人们对乒乓球文化的娱乐活动的认识是处于一种朦胧的状态，目前，由于人们对乒乓球文化娱乐活动的需求日益加强，使认识程度也从无意识状态上升到有意识追求的境地，在中国或其他国家，乒乓球已经成为一种新兴的文化娱乐方式。

二、乒乓球运动竞赛表演层面的娱乐性

乒乓球运动的娱乐性表现在其竞赛表演市场的发展，乒乓球是我国的国球，群众基础好，拥有众多乒乓球运动爱好者和球迷，如果能建立与社会主义市场经济相适应的体育管理体制与运行机制，对于促进我国乒乓球竞赛表演市场的发展与繁荣，甚至是整个乒乓球运动的发展都具有重要意义。借鉴美国男子职业篮球联赛（NBA）成功经营模式，我国的乒乓球竞赛表演市场必须采取切实可行的策略，以体现乒乓球运动竞赛表演层面的娱乐性。

第一，改革管理体制，明晰产权关系。根据美国的NBA的经验，我国乒乓球竞赛表演市场的供给主体也就是职业俱乐部在确定投资者所有权的基础上，要进一步明晰联赛的所有权、经营权、收益权等产权关系，自主经营，自负盈亏，自我发展。按照政企分开、政事分开，企业和事业分开，营利性与非营利性分开的原则，加快推进适宜产业化的单项运动协会法人实体化的步伐，理顺管理体制，健全内部组织机构，实行法人治理结构。俱乐部内部建立科学民主的政策机构，符合现代企业制度，使决策结果符合各方利益。

第二，寻求战略合作伙伴，强化自我造血功能。没有赞助商的支持，乒乓球竞赛表演市场就没有办法活跃与繁荣；同时，乒乓球竞赛表演受人们的关注的程度越高，赞助商也会越来越多，投入也会越来越大。发行体育彩票筹措资金特别是乒乓球项目的体育彩票的发行有待进一步研究。成立专门从事赞助事务的职能部门，同时体育中介组织可以把赞助的代理和开发作为自己的业务，提供赛事的举办方案和宣传设计。鼓励越来越多的非公有制企业成为赞助的主体，引导不同行业的企业和个人投资乒乓球竞赛表演市场，特别是采取切实可行的办法引导民营企业投资。要从政策上予以扶持，提供更多的方便，维护赞助商的权益。

第三，提高比赛的质量，丰富比赛的内容形式。乒乓球是球类运动中运转速度最快的项目，其特点是球小速度快。其精彩程度和观赏性就没有集体项目的足球篮球甚至排球那么扣人心弦，所以在比赛的内容形式上应该独具匠心。要吸引观众，需要的是水平高超的运动员和精彩的表演，但这还不够，一场比赛需要持续不断刺激观众。例如，在世界对中国乒乓球对抗赛中，比赛的真正高潮是作为分项活动的中国民间队挑战世界明星队让分对抗赛，这种"嘉年华"式的竞赛，更加受到大家的喜爱，也更加体现了乒乓球的娱乐性。因此，在高水平的比赛过程中，可以借鉴NBA的方式，穿插舞蹈、抽奖和免费送出活动，或者有机会与球星合影，以此丰富乒乓球表演的娱乐性。

第四，加强与媒体的合作，扩大宣传力度。随着社会经济水平的不断提高和传播技术的迅猛发展，现代电视传媒对社会文化和个人的影响力正变得日益强大。电视媒体、报刊杂志使 NBA 已经进入全世界的各个角落，它的影响力可以说是很大的。因此，乒乓球表演可以加大宣传工作，在电视媒体上的高投入在一定时期内肯定会带来高的收益。

第五，对乒乓球竞赛表演市场所需专门人才进行培养，完善组织结构。乒乓球表演市场是一个专业性很强的技术密集型市场，对专业人才的数量，尤其是质量的要求很高。市场的经营和管理需要一批既有体育专业知识，又有管理能力的人才。对竞赛表演市场所提供产品的形象塑造、规范俱乐部名称、建立长期的营销策略都需要专门人才。

第六，注重对海外高水平运动员的加盟，加强国际合作。我国的乒乓球表演市场要真正实行全方位、宽领域、多层次的对外开放，就要加强与国外各职业俱乐部之间的合作与交流。外援的引进不仅吸引观众，增加比赛的看点，同时也可以提高俱乐部的知名度，起到的作用是多方面的。

三、全民健身与乒乓球运动的审美娱乐性

在体育运动项目中，中国人最熟悉、最热爱的是被称为中国"国球"的乒乓球运动。在第二十五届世界乒乓球锦标赛上，容国团为中国人夺得第一个世界冠军后，极大地激发了中国人的民族自豪感，推动了全国乒乓球运动的蓬勃发展，掀起了全国性的"乒乓热"。乒乓球运动深入民心，形成了极好的社会氛围，正因为有了深厚的全民基础，中国乒乓球队才能在数十年的时间里长盛不衰。

随着中国乒乓球队在各种国际性重大赛事上的连连获胜，国内各种乒乓球联赛的蓬勃开展，乒乓球运动成为中国人心目中最普及、最喜欢的娱乐性运动之一，人们在乒乓球运动中有种社会认同的共同价值取向，这在社会生活中，特别是在青年人中最易形成一种"偶像化"的社会心理倾向，真正有较大的群体向心力的当代公共活动主要是体育运动。这不仅发生于中国，也是世界性的共同现象。

推行全民健身运动正是要充分利用这种文化和审美上的影响力。娱乐性

很强的乒乓球运动具有技术上和球类运动的魅力。乒乓球运动诞生的那种游戏性及普及性特点已决定了它在群众健身运动生活中的基础地位。乒乓球运动在多数情况下，是一对一的对抗。由于乒乓球的球体小而轻，在比赛中球速快、旋转变化多，这就使得乒乓球运动产生了丰富的技术和打法，使得这项运动充满了魅力。

另外，乒乓球运动是双方隔着球台进行运动，各种技战术的发挥全由自我调整完成，使得个人的想法和意图在运动中得以充分实现。在乒乓球运动发展的过程中，其运动技术的发展经历了多个阶段的变迁，使乒乓球运动进入了以科学化的训练，产生出高水平的球技、战术的境界。最初的乒乓球运动是削球打法占据主流地位，打法简单而单调，然后是日本人的中远台长抽打法称雄于世界乒坛，到了20世纪60年代，随着中国乒乓球队的崛起，中国运动员以更加快速的直拍近台快攻打法震撼了世界乒坛。随着欧洲乒乓球运动的复兴，欧洲运动员把中国的近台快攻和日本的弧圈球技术相结合，发明的横拍快攻结合弧圈球技术把旋转和速度紧密地结合起来，使得乒乓球技术又达到了一个新的水平。

虽然乒乓球运动在发展过程中仍有起伏，仍需不断地实践和探索，但整个乒乓球运动的发展无疑是朝着美好的方向发展，因为它将更讲究层次、更讲究组合、更讲究变化、更讲究艺术化的技巧和智慧化的独创。这种美的追求和美的趋势，可通过乒乓球运动竞赛规则的修订表现出来，乒乓球竞赛规则的更新和修订是随着技术发展和丰富而为的，乒乓球运动的丰富多彩带给人们美的享受，规则的修改正是适应了这种变化，为了限制比赛时间，有了轮换发球法，为了避免运动员猜谜似的猜测使用两面不同性能胶皮的对方运动员是用哪一面击球，取消了两面相同颜色而不同性能的球拍。当前，随着乒乓球运动迅猛发展，乒乓球竞赛规则发生了很大变化，乒乓球从直径38毫米改为40毫米，使乒乓球的速度和旋转明显降低。在比赛中，观众们喜欢观看的回合球明显多了起来。比赛因此变得更紧张、更激烈、更精彩，比赛的胜负也变得更具偶然性。无遮挡发球使得发球的威力减弱，直接吃发球和因接发球失误而被对方一板打死的场面有所减少，乒乓球运动变得更加注重相持球技术的研究，反撕、反拉以及中远台的对拉弧圈球技术不断完善。乒乓球运动的观赏性和娱乐性被充分地拓展了，乒乓球运动便是在这种规则不断的修改和变化中变得更具魅力，其审美娱乐性也随之发扬。

第二节 比赛视角下的乒乓球运动

一、乒乓球比赛裁判方法

（一）乒乓球比赛的场地与器材

比赛空间应为长不少于14米、宽不少于7米、高不少于5米的空间。比赛区域应由75厘米高的同一深色的挡板围起，以与相邻的比赛区域及观众隔开。乒乓球比赛器材具体如下：

（1）球台。球台的上层表面叫作比赛台面，应为与水平面平行的长方形，长2.74米，宽1.525米，离地面高76厘米，不包括球台台面的垂直侧面。比赛台面为均匀的暗色，无光泽，具有一致的弹性，即当标准球从离台面30厘米高处落至台面时，弹起高度应约23厘米。比赛台面由一个与台面端线平行的垂直球网划分为两个相等的台区，沿2.74米的边线边缘及1.525米长的端线边缘应有一条2厘米宽的白线。双打比赛中各台区应由一条3毫米宽的白色中线，划分为两个相等"半区"，中线应视为右半区的一部分。

（2）球网装置。球网装置包括球网、悬网绳、网柱及将它们固定在球台上的夹钳部分。球网的顶端距离比赛台面15.25厘米，网柱外沿离开边线外沿的距离为15.25厘米。整个球网的底边应尽量贴近比赛台面，其两端应尽量贴近网柱。

（3）球。球为圆球体，直径为40毫米，重2.7克，球应用赛璐珞或类似的塑料制成，白色或橙色，无光泽。

（4）球拍。球拍的合法性可参考国际乒联规程的有关规定。球拍的大小、形状和重量不限，但底板应平整、坚硬。

底板至少应有85%的天然木料。加强底板的黏合层可用诸如碳纤维或压缩纸等纤维材料，每层黏合层不超过底板总厚度的7.5%或0.35毫米。

用来击球的拍面应用一层颗粒向外的普通颗粒胶覆盖，连同黏合剂，厚度不超过2毫米；或用颗粒向内或向外的海绵胶覆盖，连同黏合剂，厚度不超过4毫米。

普通颗粒胶是一层无泡沫的天然橡胶或合成橡胶，其颗粒必须以每平方厘米不少于10颗，不多于50颗的平均密度分布在拍的整个表面。

海绵胶即在一层泡沫橡胶上覆盖一层普通颗粒胶，普通颗粒胶的厚度不超过2毫米。

覆盖物应覆盖整个拍面，但不得超过其边缘。靠近拍柄部分以及手指执握部分可不予以覆盖，也可用任何材料覆盖。

底板中的任何夹层以及用来击球一面的任何覆盖物及黏合层应为厚度均匀的一个整体。

球拍两面不论是否有覆盖物，必须无光泽，且一面为鲜红色；另一面为黑色。

由于意外的损害、磨损或褪色，造成拍面的整体性和颜色上的一致性出现轻微的差异，只要未明显改变拍面的性能，均允许使用。

比赛开始时及比赛过程中运动员需要更换球拍时，必须向对方和裁判员展示他将要使用的球拍，并允许他们检查。

（二）乒乓球比赛规则

1. 乒乓球比赛的主要规则

（1）"回合"：球处于比赛状态的一段时间。

（2）"球处于比赛状态"：从发球时球被有意向上抛起前静止在不执拍手掌上的最后一瞬间开始，直到该回合被判得分或重发球。

（3）"重发球"：不予判分的回合。

（4）"一分"：判分的回合。

（5）"执拍手"：正握着球拍的手。

（6）"不执拍手"：未握着球拍的手。

（7）"不执拍手臂"：不执拍手的手臂。

（8）"击球"：用握在手中的球拍或执拍手手腕以下部分触球。

（9）"阻挡"：对方击球后，在比赛台面上方或向比赛台面方向运动的球，尚未触及本方台区，即触及本方运动员或其穿戴（带）的任何物品，即为阻挡。

（10）"发球员"：在一个回合中首先击球的运动员。

（11）"接发球员"：在一个回合中第二个击球的运动员。

（12）"裁判员"：被指定管理一场比赛的人。

（13）"副裁判员"：被指定在某些方面协助裁判员工作的人。

（14）运动员"穿或戴（带）"的任何物品，包括他在一个回合开始时穿或戴（带）的任何物品，但不包括比赛用球。

（15）越过或绕过球网装置：除从球网和比赛台面之间通过及从球网和网架之间通过的情况外，球均应视作已"越过或绕过"球网装置。

（16）球台的"端线"，包括端线两端的无限延长线。

2. 乒乓球比赛的其他规则

（1）发球的主要规则。

1）发球开始时，球自然地置于不持拍手的手掌上，手掌张开，保持静止。

2）发球员须用手将球几乎垂直地向上抛起，不得使球旋转，并使球在离开不执拍手的手掌之后上升不少于16厘米，球下降到被击出前不能碰到任何物体。

3）当球从抛起的最高点下降时，发球员方可击球，使球首先触及本方台区，然后越过或绕过球网装置，再触及接发球员的台区。在双打中，球应先后触及发球员和接发球员的右半区。

4）从发球开始，到球被击出，球要始终在比赛台面的水平面以上和发球员的端线以外；而且从接发球方看，球不能被发球员或其双打同伴的身体或他们所穿戴（带）的任何物品挡住。

5）球一旦被抛起，发球员的不执拍手臂应立即从球和球网之间的空间移开。球和球网之间的空间由球和球网及其向上的延伸来界定。

6）运动员发球时，有责任让裁判员或副裁判员确信他的发球符合规则的要求，且裁判员和副裁判员均可判定发球不合法。如果裁判员或副裁判员对发球合法性不确定，在一场比赛中第一次出现时，可以中断比赛并警告发球方。但此后如该运动员或其双打同伴的发球不是明显合法，将被判发球违例。

7）运动员因身体伤病而不能严格遵守合法发球的某些规定时，可由裁判员做出决定免于执行。

（2）还击的主要规则。对方发球或还击后，本方运动员必须击球，使球直接越过或绕过球网装置，或触及球网装置后，再触及对方台区。

（3）击球次序规则。

1）在单打中，首先由发球员发球，再由接发球员还击，然后两者交替还击。

2）在双打中，首先由发球员发球，再由接发球员还击；然后由发球员的同伴还击，再由接发球员的同伴还击，此后，运动员按此次序轮流还击。

3）在两名由于身体伤残而坐轮椅的运动员配对进行的双打中，发球员应先发球，接发球员应还击，此后可由任何一名运动员还击。

然而，运动员轮椅的任何部分不能超出球台中线的假定延长线。如果超越，裁判员将判对方得1分。

（4）重发球的规则。

1）回合出现下列情况应判重发球。

第一，发球员发出的球，在越过或绕过球网装置时，触及球网装置，此后成为合法发球或被接发球员或其同伴阻挡。

第二，接发球员或接发球方未准备好，球已发出，而且接发球员或接发球方没有企图击球。

第三，由于发生了运动员无法控制的干扰，运动员未能成功发球、还击或遵守规则。

第四，裁判员或副裁判员暂停比赛。

第五，由于身体残疾而坐轮椅的运动员在接发球时，发球员进行合法发球后，球出现三种情况：①在触及接发球方的台区后，朝着球网方向运行；②球停在接发球员的台区上；③在单打中，球在触及接发球员的台区后，从其任意一条边线离开球台。

2）可以在下列情况下暂停比赛：①由于要纠正发球、接发球次序或方位错误；②由于要实行轮换发球法；③由于警告或处罚运动员；④由于比赛环境受到干扰，以致该回合结果有可能受到影响。

（5）得1分的规则。除被判重发球的回合，下列情况运动员得1分：

1）对方运动员未能正确发球。

2）对方运动员未能正确还击。

3）运动员在发球和还击后，对方运动员在击球前，球触及了除球网装置以外的任何东西。

4）对方击球后，球没有触及本方台区而越过本方台区或端线。

5）对方阻挡。

6）对方故意连续两次击球。

7）对方用不符合球拍规定条款的拍面击球。

8）对方运动员或运动员穿或戴（带）的任何东西使球台移动。

9）对方运动员或运动员穿或戴（带）的任何东西触及球网装置。

10）对方运动员不执拍手触及比赛台面。

11）双打时，对方运动员击球次序错误。

12）执行轮换发球法时，如果接发球方进行了13次合法还击，则判接发球方得1分。

13）双打运动员或双打配对由于身体残疾而坐轮椅：①对方击球时，其大腿后部未能和轮椅或坐垫保持最低限度的接触；②对方击球前，其任意一只手触及比赛台面；③比赛中对方的脚垫或脚触及地面。

14）身体残疾而坐轮椅的运动员在双打中，发球员先发球，接发球员还击，此后任何一名运动员均可还击，然而，运动员轮椅的任何部分不能超越球台中线的假定延长线。如果超越，裁判员将判对方得1分。

（6）一局比赛与一场比赛的规则。在一局比赛中，先得11分的一方为胜方。10平后，先多得2分的一方为胜方。一场比赛由奇数局组成。

（7）发球、接发球和方位的次序规则。

1）选择发球、接发球和方位的权力应由抽签来决定。中签者可以选择先发球或先接发球，或选择先在某一方位。

2）当一方运动员选择了先发球或先接发球，或选择了先在某一方位后；另一方运动员必须有另一个选择。

3）在获得每2分之后，接发球方即成为发球方，以此类推，直至该局比赛结束，或者直至双方比分都达到10分或实行轮换发球法。这时，发球和接发球次序仍然不变，但每人只轮发1分球。

4）一局中，首先发球的一方，在该场下一局应首先接发球。

5）一局中，在某一方位比赛的一方，在该场下一局应换到另一方位。在决胜局中，一方先得5分时，双方应交换方位。

（8）发球、接发球次序和方位的错误规则。

1）裁判员一旦发现发球、接发球次序错误，应立即暂停比赛，并按该场比赛开始时确立的次序，按场上比分由应该发球或接发球的运动员发球或接发球；在双打中，则按发现错误时那一局中首先有发球权的一方所确立的次序进行纠正，继续比赛。

2）裁判员一旦发现运动员应交换方位而未交换时，应立即暂停比赛，并按该场比赛开始时确立的次序，按场上比分对运动员应站的正确方位进行纠正，再继续比赛。

3）在任何情况下，发现错误之前的所有得分均有效。

（9）轮换发球的规则。

1）除一局比赛比分已到达至少18分不实行轮换发球法外，一局比赛进行到10分钟或在任何时间应双方运动员或配对的要求，应实行轮换发球法。

2）如果一局比赛比分已达到至少18分，将不实行轮换发球法。

3）实行轮换发球法的时间到时，球处于比赛状态，裁判员应立即暂停比赛，由被暂停回合的发球员发球，继续比赛；如果实行轮换发球法时，球未处于比赛状态，应由前一回合的接发球员发球，继续比赛。

4）此后，每位运动员都轮发1分球，直至该局结束。如果接发球方进行了13次还击，则判接发球方得1分。

5）实行轮换发球法不能更改该场比赛中按正常顺序所确定的发球和接发球次序。

6）轮换发球法一经实行，将一直执行到该场比赛结束。

（三）乒乓球比赛的裁判方法

1.裁判员临场管理的内容

裁判员是一场比赛的组织者，必须根据规则和规程对一场比赛实行全面的管理。

（1）比赛双方得失分的管理。比赛双方得失分的管理即对比赛胜负机制的管理，这是一场比赛最基本的管理，必须在准确地认定比赛事实的基础上，公正地对每一个回合做出及时的判决。

（2）对比赛器材的管理。对比赛器材的管理包括比赛球台、球网、球和球拍等。其中，球台、球网和球的质量规格及球台的布局在赛前已由裁判长检查认定，但仍需裁判员实施下列管理：

1）在该场比赛开始前。第一，检查球台、球网的安置及球的牌号，确保其符合规定；第二，检查运动员的球拍，发现有不合规定的则要求运动员更换；第三，要求运动员选定2～3个双方都能接受的比赛用球，当双方意见不一致而使比赛不能进行时，由裁判员任意决定一个比赛用球。

2）在该场比赛进行中。第一，维持比赛球台、球网的安置始终符合规定；第二，防止运动员擅自更换比赛用球和球拍。在不能实现上述管理目标时应立即报告裁判长。

（3）对比赛条件的管理。对比赛条件的管理包括比赛场地、灯光、挡板、计分器、队名牌或人名牌等。尽管赛前也已由裁判长检查认定，但仍需要裁判员在该场比赛开始前再行检查，并在比赛进行中维持这些比赛条件的标准和规范，一旦发现问题即应在职责允许的力所能及的范围内及时处理，解决不了的应立即报告裁判长。

（4）对运动员比赛服装的管理。①比赛服的式样，一般应是短袖运动衫、短裤或短裙、短袜和运动鞋；②比赛服的颜色，可以是任何颜色，但短袖运动衫、短裤或短裙的主要颜色应与比赛用球的颜色明显不同，短袖运动衫的袖子和领子及沿服装接缝的装饰物和边缘上的装饰物除外；③比赛服上的运动员号码或字样、徽章、标记、广告及装饰物必须符合规定；④团体赛同队运动员或同一协会运动员组成的双打配对，服装款式和颜色应一致，鞋袜除外；⑤比赛双方运动员应穿着颜色明显不同的运动衫。当裁判员对运动员的比赛服装是否合乎规定有怀疑时，或在上列某项要求不能实现且在裁判员已经通知运动员更换比赛服装而运动员拒绝更换的情况下，应立即报告裁判长。

（5）对比赛时间的管理。除法定的间歇以外，要保证全场比赛连续进行。第一，一场比赛的局与局之间，可允许运动员有不超过两分钟的休息时间；第二，考比伦杯赛制中，可允许需要连场比赛的运动员在连场比赛之间有最多5分钟的休息时间；第三，每局比赛中，允许运动员在每打完6分球后或决胜局交换方位时用短暂的时间擦汗；第四，运动员在比赛中损坏了球拍，应立即替换随身带来的另一块球拍或场外递进的球拍；第五，在替换破球或损坏的球拍以后，可允许运动员练习少数几个回合，然后继续比赛；第六，运动员因意外事件而暂时丧失比赛能力并要求紧急中断时，应立即报告裁判长；第七，除非裁判长允许，运动员在一场比赛中应留在赛区或赛区内附近，在局与局之间的法定休息时间内，裁判员应监督运动员留在赛区周围3米以内的地方。

（6）对场外指导的管理。裁判员应按下列要求防止非法的场外指导影响比赛的公正性：第一，团体比赛中运动员可接受任何人的场外指导，但单项比赛中运动员只能接受在该比赛开始前向裁判员指明的一位指导者的指导，否则即应令其远离赛区。第二，一场比赛中除局与局之间的休息时间或经批准的中断时间以外的时间，任何人不得向运动员提供场外指导；对第一次违反此规定者应予警告（出示黄牌），对警告后再次违反者则应令其远离赛区（出示红牌），如其拒绝离开，则应立即报告裁判长。

（7）对运动员行为作风的管理。第一，应督促运动员克制那些可能不公平的影响对手、冒犯观众或影响本项运动声誉的不良作风或行为表现。第二，如该场比赛中运动员在赛区内的行为表现不符合上述要求时，若属初犯，则应予以警告（出示黄牌）；如警告后首次再犯，可判其对方得1分（同时出示红黄牌）；第二次再犯，可判其对方得2分（同时出示红黄牌）；此后再犯或一场比赛中的任何时候出现严重冒犯行为（包括未通知裁判员和对方即行更换球拍），即应报告裁判长。

（8）对比赛运行机制的管理。对比赛运行机制的管理包括团体赛双方运动员的出场顺序，一场比赛开始时发球、接发球和方位的选择，比赛中发球、接发球和方位的交换以及击球次序、轮换发球法等方面的管理，要求按规则予以控制和调节。

（9）对比赛技术文书的管理。第一，团体赛前根据秩序册核对双方填写的排名表；第二，赛前和赛中记分表的填写；第三，赛后记分表的填写、签名和分发、上交。

（10）对观众的管理。对观众的管理也是一种无形的间接管理，要求在组织比赛并保证比赛正常进行的过程中，把观众的注意力吸引到比赛上，促使形成激励运动员顽强拼搏、有利于比赛各方充分发挥技术和战术水平的良好氛围。

2. 裁判员判分应注意的事项

临场工作是乒乓球裁判员最主要、最基本的一项工作。临场裁判是一门艺术，实践性很强，实际上就是临场处理问题、解决矛盾的艺术。

（1）认真履行裁判员的基本职责，解决事实与认识的矛盾。裁判员作为一场比赛的组织者，基本职责是确认一场比赛中发生的一切事实问题并根据规则做出判定。作为裁判员的临场判决，首要的是看清事实，因为事实是判决的依据。看清了事实但规则执行错了，这属于认识问题，是可以纠正的。倘若看不清事实或看的不是事实（错觉），那就没有判定的依据了，这会给比赛带来相当严重的后果。

（2）确定最后决定权，解决执行与报告的矛盾。乒乓球比赛规则授予各类裁判人员在各自的职责范围内享有最后决定权，比如当场比赛的裁判员对比赛中发生的一切事实问题有最后决定权，裁判长对有关比赛规则和规程问题的解释有最后决定权。责任裁判员在自己职权范围内所做的决定是不可更改的决定，与之合作的另一裁判员乃至裁判长都不能更改。由此可见，规则给了裁判员很大的权限，同时也赋予其很大的责任。

（3）合理分配临场注意力，解决集中与分散的矛盾。乒乓球很小，在比赛中运动速度快，特别表现在球的来回快、旋转快、旋转变化快，而且球的运动状况反响也很小，所以，对裁判员注意力的要求相当高。一个优秀裁判员必须眼观六路、耳听八方，使注意力合理分配，以兼顾到全场情况。所以，在处理注意力集中与分散这一对矛盾时，我们强调集中与分散相结合，以集中为主。

（4）临场裁判员判分的处理，解决快与慢的矛盾。乒乓球运动快的特点，要求裁判员对比赛情况的处理也相应要快。由此，首先要求乒乓球裁判员的反应要快，判断要快，在结果还未出来时就能预感并做出判断，这样问题就好处理了，纠纷也可以减少。但是是否越快处理越好的问题需要考虑，如出现外界球进入赛区的干扰情况，正处于一方有可能得分之际，就不应该立即叫"停"。当球处于比赛状态与非比赛状态之间的中间状态时，这里就有个快与慢的矛盾，我们强调乒乓球裁判员的临场反应和处理快慢结合，以快为主。

（5）临场执法的一致性，解决正确与错误的矛盾。主裁和副裁要保持执行规则的尺度一致。如果执行规则对比赛双方不一致，那就只有两种结果，一种是"正确+错误"；另一种是"错误+错误"，结果都有错误。所以，尺度的不一致，往往是许多裁判临场中出现问题的根源。

（6）对发球犯规的处理，解决判与不判的矛盾。现在临场裁判突出的问题是发球规则执行得不好，原因主要在于裁判员思想认识上的偏差而造成心理上有障碍，担心判了引起矛盾。实质上，发球犯规只是一个纯技术性的错误，即未能以合法的动作发球，而并不是运动员品质的错误，不要把它看作是一个严重的问题而不敢判。

（7）临场执法的公开性，解决场上与场下的矛盾。严格而言，裁判员与运动员之间不能有赛场之外的接触，不要主动和运动员交谈，裁判的工作应该在场上做，而不应在场下做，在赛前或赛后去提醒运动员是错误的，即使在比赛中根据规则和规程精神对运动员进行非正式警告性的提醒时，有话要说也要当着双方的面讲，不能只对一方单独讲，以免引起不必要的怀疑。

（8）赛场局面的控制能力，处理好解决"问题"与制造"问题"的矛盾。作为裁判员，要培养和锻炼善于控制赛场局面的能力。有些裁判员因为欠缺控制赛场局面的能力，往往出现过分认真，使比赛难以进行；言辞不当，将矛盾扩大；欲掩盖矛盾却得不偿失；不善于处理问题；过于分析利害关系而影响规则尺度；不能妥善处理好场上人与人之间的关系，包括教练员和运动员。

（9）怎样处理和由谁处理，解决比赛中人与人之间的法定关系和职责权限的矛盾。现行规则中，裁判长及其指定的代理人（副裁判长）、裁判员和副裁判员、计数员等，都有各自的职责权限，各自都在职责范围内行使管辖权，而在管辖权范围内所做的决定是不能申诉的。实际上比赛中人与人之间的法定关系就是管辖权与申诉权的关系。在管辖权内有最后决定权，所做的决定谁也不能更改和申诉，但可以提意见。裁判长可以撤换裁判员，但不能改变裁判员就事实所做的决定。

3.临场比赛裁判员的操作程序

所有参赛的运动员有权希望在不同比赛中或在不同国家举行的比赛中能在比赛管理方面保持一致。为了保证一致性，国际乒联裁判长和裁判员委员会（URC）已经为比赛官员制定了一个推荐程序。裁判员和裁判长在到达比赛区域的一刻起都应遵循相关守则和推荐操作程序。任何可能在观众和媒体（如新闻记者、电视转播和摄影记者）视线下看得见和可能发生的事都被视作是比赛区域的，在比赛区域所有裁判员的动作和行为在各方面必须规范、统一，不仅在执裁一场比赛时，而且在进出指定的场地，履行赛前、赛后的职责及与运动员、观众和其他官员在比赛区域进行交流时均应统一。

（1）赛前。第一，穿着适当得体、不许携带分心的物品——如手包、无关的徽章和胸针。第二，准时到场。按规定程序入场、展示完好工作姿态。第三，检查比赛场地——挡板，检查地面上的碎物，擦球台，检查球网高度和张力，以及运动员球拍、服装、号码布是否佩戴等。

（2）赛中。

第一，报分要清晰、大声、及时、准确。手势要正确，包括得分、换发球、停、擦网、擦边、侧面、重发和违例等手势。

第二，运用"发球规则"对发球正确判断。

第三，运用"行为规则"对场外指导行为、运动员的不良行为进行正确监控。

第四，保证比赛连续进行——监控练习时间、相邻比分之间的比赛时间、擦汗时间、暂停时间等。

第五，在适当时间执行轮换发球法。

第六，正确使用计分设备。

第七，正确使用黄、红、白牌，暂停牌。

第八，确保局与局之间球拍留在球台上。

第九，确保只有经过许可的人才能进比赛区域。

第十，注意裁判员的姿态（坐直，上体微前倾）。

（3）赛后。第一，赛后宣告要清晰、大声；第二，在比赛记分表上签名；第三，将计分器比分调回；第四，收回比赛用球；第五，比赛场地恢复原状；第六，组织退场；第七，比赛记分表人名牌或队名牌直接送交裁判长席。

4. 裁判手势与术语

在一场比赛中，裁判员手势和解释语（术语）应规范、统一。

（1）手势。每一回合结束时应立即报分或用手势示意，或两者兼用。第一，当判得分时，裁判员应将靠近得分方的手臂举起，使上臂水平齐肩，前臂垂直，手握拳向上；第二，交换发球时，裁判员应张开手掌指向下一个发球者，手臂伸直举至与肩同高；第三，发球擦网时，裁判员应喊"擦网"，并将手掌张开，手臂伸直举至上空；第四，如果由于任何原因而判该回合为重发球或要延迟比赛，裁判员可以将手高举过头。当副裁判员在他职权范围内做出判定要吸引裁判员的注意时，他也应使用将手高举过头的手势。

（2）术语。通常，裁判员没有必要对判决做出解释，而且应尽可能避免不必要的宣告。例如，发球员发球下网，或很明显其未能合法发球，裁判员就没有必要喊"犯规"。但是，如果一个判决并不能自动中止比赛或运动员、观众对该判决不清楚时，则可以用标准的手势或以下列出的标准术语予以简单解释。标准解释术语见表2-1。

表2-1 标准解释术语表

序号	解释内容	术语
1	发球不合法	"犯规"
2	运动员身体、衣服或球拍触网	"碰网"
3	比赛台面移动	"台面移动"
4	不执拍手触及比赛台面	"手触台面"
5	球被运动员阻挡	"阻挡"
6	球触及球台台面的侧面	"侧面"
7	球连续两次触及同一台区	"两跳"
8	同一运动员连续两次击球	"连击"
9	双打中运动员击球次序错误	"次序错误"
10	双打中发球时，球触及错误的半区	"错区"
11	限制时间到	"时间到"

二、乒乓球比赛的组织与编排

乒乓球比赛的组织与编排能力培养，对大学生学习和掌握其他球类项目的比赛工作具有普遍参考价值，是大学生今后胜任组织管理体育赛事工作所必备的知识和能力。

（一）乒乓球比赛的组织与管理

1. 乒乓球比赛的组织程序

组织比赛活动可根据规模大小，由相应的单位发起。规模小的比赛，一般由主办单位指定少数人负责组织。规模大的比赛需要成立筹备委员会。正规的比赛通常会成立组织委员会，设正副主任，下设秘书处（负责会务、宣传、保卫、医务等方面的工作）、比赛处（负责裁判、场地等比赛方面的工作）及仲裁委员会（负责比赛期间执行比赛规则比赛中发生的纠纷等）。一般基层比赛只设比赛组和秘书组。比赛组负责报名、编排秩序册、聘请裁判员、准备比赛场地等工作；秘书组负责寻求广告赞助、宣传教育、组织观众、发通知文件等工作。

组织一次比赛要经过以下程序：

第一，制定比赛规程。比赛规程是比赛的依据。一般由比赛主办单位根据组织比赛的目的、任务、时间和场地情况拟定。在比赛前，尽早地将规程发给参赛单位，以便各单位有充分时间做准备工作。

第二，接受报名。报名表是组织编排工作的重要依据。负责组织编排者应认真接受报名。

第三，安排练习场地。运动员报到后，为了适应场地，需要进行练习。大会组织者要科学地、合理地安排练习场地。

第四，抽签。根据参加比赛的队或运动员数量，按比赛规程的规定，科学合理地决定比赛的分组和对手。

第五，编排比赛日程。按抽签结果安排场地、时间。

第六，印发秩序册。编排比赛秩序后，要尽快印发秩序册，发给各代表队和有关部门，使大家能了解比赛秩序，及时准备与安排。

第七，成绩登记。比赛进行中应认真检查比赛记录，并迅速公布比赛成绩，以保证比赛顺利进行。

第八，节目单和成绩公报。①节目单：及时公布某一天或某一场的比赛对手。②成绩公报：及时公布当日或当节的比赛成绩，使与会者互通情报。

第九，印发成绩册。汇总成绩，应包括全部比赛成绩。

第十，资料归档。将有关比赛的所有文件存档，使它成为总结工作的依据，为以后组织比赛做参考。

比赛的组织编排中每项工作都是紧密相连，一环扣一环的。根据比赛规模的大小、人力配备等情况，可以抓住重点工作，以保证比赛顺利进行。

2. 乒乓球的比赛规程

比赛规程是主办单位和参加单位进行各项组织工作的依据。比赛规程一般由比赛主办单位根据组织比赛的目的、任务、时间和场地情况拟定，在比赛前尽早地发给参加单位，以便各单位有充分时间做准备工作。随同比赛规程应附报名表一式两份，要求逐项填写，字迹清晰，并在报名截止日期内交寄比赛主办单位。

比赛规程包括：①比赛名称；②目的和任务；③日期和地点；④比赛项目；⑤参加单位及人数；⑥运动员资格；⑦报名及报到日期；⑧比赛规则；⑨比赛办法；⑩决定名次和记分办法；⑪奖励规定；⑫比赛用球；⑬其他特殊规定。

3. 乒乓球比赛的项目管理

（1）运动比赛的分类。

第一，按项目、数量。①综合性运动会（如奥林匹克运动会，全国及省、市运动会）；②单项比赛（如世界乒乓球锦标赛）。

第二，按目的、任务。①锦标赛（奖杯、锦旗）；②冠军（杯）赛（一只杯）；③联赛（三个及以上同等级球队之间的比赛）；④邀请赛（做东相聚）；⑤选拔赛（选优为目的）；⑥大奖赛（以奖金为基础加以吸引）；⑦对抗赛（两人或两队）；⑧表演赛（娱乐性比赛）；⑨友谊赛（比赛宗旨：友谊第一，比赛第二）；⑩巡回赛（分站比赛）；⑪挑战赛（向强者挑战）；⑫俱乐部赛（以俱乐部为参赛单位）；⑬达标赛（一定标准）；⑭擂台赛（挑战擂主）；⑮段位赛（同段位同水平，获胜升级）；⑯通讯赛（上网操作）等。

第三，按组织系统。①区域性（世界、全国、省、市）；②系统性（行业）性（教育、卫生、石油、金融等）；③专业性（职业性比赛，以此为本职）；④业余性（非职业性比赛，爱好，全民健身）。

第四，按比赛方法。①淘汰赛；②循环赛；③混合赛制。

（2）乒乓球团体赛形式。

第一，五场三胜制（新斯韦思林杯赛制，5场单打），一个队由3名运动员组成，比赛顺序是：A—X；B—Y；C—Z；A—Y；B—X。

第二，五场三胜制（考比伦杯赛制，4场单打和1场双打），一个队由2、3或4名运动员组成，比赛顺序是：A—X；B—Y；双打；A—Y；B—X。

第三，五场三胜制（奥林匹克赛制，4场单打和1场双打），一个队由3名运动员组成，每名运动员最多参加2场单项比赛，比赛顺序是：A—X；B—Y；双打C/A（B）—Z/X（Y）；B/A—Z；C—Y/X。

当然，各种赛制运动员出场顺序是不一样的，具体需参考不同比赛的比赛规程。

（二）乒乓球比赛基本方法

1. 单循环赛的方法

参加比赛的队（人）之间轮流比赛一次，即为单循环赛。这种比赛方法可使各队之间接触机会增多，有利于互相学习，共同提高，所产生的比赛结果较合理。但它也有不足，如比赛场次多，比赛时间长，所用场地数量多等。由于参加队数较多，多采用分阶段分组单循环赛或分级分组单循环赛的方式。确定小组单循环的比赛顺序，要考虑比赛场次进度的一致性，避免连续作战，尽量使各队机会均等，并要注意每一轮强、弱队的搭配。另外还要使强队或水平相近的队在最后相遇，从而使比赛逐步进入高潮。在分组循环赛中，小组里每一成员应与组内所有其他成员进行比赛。胜一场得2分，输一场得1分，未出场比赛或未完成比赛的场次为0分，小组名次应根据所获得的场次分数决定。

2.单淘汰赛的方法

运动员按编排的比赛秩序进行比赛，胜者进入下一轮比赛，负者淘汰，即为单淘汰赛。这种比赛方法便于在人数多、时间短、场地少的条件下组织比赛，同时也可使比赛逐步进入高潮。世界乒乓球锦标赛中，男子单打、女子单打、男子双打、女子双打、混合双打都采用单淘汰的比赛方法。

（1）单淘汰赛的号码位置数。单淘汰赛的冠亚军比赛，是在两个人之间进行的。这两个人是由4人比赛产生的，而4个人又是由8个人产生的，以此类推。所以，采用单淘汰赛的比赛办法时，应先根据参加比赛的人数选最接近的、较大的2的乘方数作为号码位置数。

常用的号码位置数是：第一，如果参加比赛的运动员人数不足号码位置数时，需要安排轮空，使参加第二轮比赛的运动员人数正好是2的乘方数。第二，如果参加比赛的人数稍大于2的某个乘方数时，需要安排轮空位置太多，这时可不安排轮空，而用"抢号"的方法解决，即以最接近的较大的2的乘方数作为号码位置数，其中一部分运动员进行"抢号"。"抢号"就是两名运动员或几名运动员使用一个号码位置，先进行比赛。"轮空"或"抢号"的办法，本质上是一致的。

（2）单淘汰赛的轮数。单淘汰赛的轮数为选用号码位置数的2的乘方数，2的几次方为几轮。当人数在2的乘方数之间时，为较大的乘方数。

（3）单淘汰赛的场数。在单淘汰赛中，每进行一场比赛即淘汰一名运动员，如果参加比赛的运动员全部淘汰，那么所需要的比赛场数与参加比赛的运动员人数相等。但最后一名冠军不可能被淘汰，所以实际比赛场数应为参加比赛的"人数-1"，即"场数=参加人数-1"。

（4）单淘汰赛的附加赛。单淘汰赛只能确定冠亚军。用附加赛的办法可进一步排出前8名或前6的顺序。进入前8名的运动员，每一轮的胜者与胜者、负者与负者进行比赛，直到排出前6名或前8名的名次。

3. 混合赛制的方法

在一次比赛的不同阶段，分别采用不同的比赛制度，称为混合赛制。混合赛制是在运动队（员）数较多、场地较小和时间安排较紧条件下进行比赛的较为行之有效的办法之一。混合赛制在一定程度上能集淘汰赛制和循环赛制的基本优点和长处，既能保证在较短时间和较小场地的条件下完成预定的比赛任务，又能比较客观地反映大多数参赛运动队（员）的实际技术水平。

（1）先分组循环赛，后进行淘汰赛。先分组循环，后进行淘汰的混合赛制组合方式目前在各类体育比赛中被广泛运用。采用这种混合赛制时，应根据上一阶段比赛的名次优先和同组或同一协会在条件许可情况下合理分开的基本原则，重新抽签确定下一阶段比赛中的号码位置。

（2）先进行淘汰赛，后进行循环赛。这种混合赛制适用于一些基层选拔（优选）赛，能使水平相对较高的运动员有较多的比赛机会，最后产生的名次也相对较为合理。

（3）循环赛和其他赛制的组合。如先采用分组循环赛排出小组名次，再采用Page制或挑战制决出最后名次。

（三）乒乓球比赛的抽签与编排

1. 乒乓球比赛的抽签

（1）抽签准备工作与基本要求。

1）抽签准备工作。

第一，汇总报名单，准确统计参赛运动队数、各项目参赛运动员人（对）数。

第二，根据比赛规程、比赛办法和各项目具体赛制，制定较为切合实际的抽签方案。

第三，选定各项目的位置数、确定各项目种子序号排列等。

第四，准备抽签场地、抽签器材、号（区）签卡、队（人）名卡、平衡表、抽签记录表。

第五，实习预抽：熟悉程序、掌握情况、发现问题、及时调整。

第六，实施抽签（正式抽签）。

2）签卡。

第一，名签：包括队（人）名签、位置号签（在循环赛中可以是组或位置号签，如A—1、A—2）。

第二，号签：包括区签、循环赛中组签（如A、B、C、D或甲、乙、丙、丁）、标志签（放于桌面的区、组签）和自助式抽签时的附加签。

（2）循环赛制中的分组抽签方法和种子分布。

1）抽签方式。第一，完全随机分组，所有参赛运动队（员）不做任何区分，采用完全随机的抽签方式将参赛运动队（员）分到各个小组中。第二，设置一定数量种子后分组抽签，先将运动队（员）中部分能够确认的"优秀"选取设置为"种子"，或根据以往比赛成绩，将种子运动队（员）均匀地分进或抽入各个小组，然后再采用完全随机的抽签方式将非种子的运动队（员）抽入各个小组。

2）蛇型排列方式。将不同水平（实力指数）的参赛运动队（员）均匀地分到各个小组，以相对提高比赛结果的合理性。先将种子选手用蛇型排列方式排入各个小组，然后再采用完全随机的抽签方式将其他非种子的运动队（员）抽入各个小组。

（3）淘汰赛中抽签方法和种子分布。

1）淘汰赛抽签基本步骤。①可先分区（上、下半区）；②再定区（1/4区）；③最后定位（各区中的具体位置号）。淘汰赛抽签分区控制方法可采用抽签平衡表。

2）种子号码位置和种子序号的确定。①查表法（种子位置表）。排列（依次跟进）种子选手的方法，叫作"跟种子"的办法。采用"跟种子"的办法来记忆种子选手的位置号码和轮空（包括抢号）位置号码将是十分有帮助的，也是我们最常用的一种方法。②直接手工排列，目前使用较多的是分区横排法。

2. 乒乓球比赛的编排

编排就是将各个项目所要进行的全部比赛，在一定的时间内，科学、合理地安排在一定数量的球台（场地）上，并按一定的秩序进行比赛。

（1）合理编排的基本要求。

1）注意合理的比赛强度。①在团体赛中，一次比赛一个队一般安排8～10场（包括所有阶段），每节安排一场比赛也是（相对）合理的。②单项比赛如采用分组循环赛制，每组一般以4～5人为宜。③单项比赛量：5局3胜，一节（4小时）＜4场，一天＜10场。7局4胜，一节（4小时）＜3场，一天＜7场。④节（比赛安排时间单位）。一天3节：3～4小时一节，分为上午、下午、晚上。一天4节：3小时一节，例如08：30～11：30，11：30～14：30，14：30～：17：30，17：30～20：30，一天共4节。

2）力求机会相对均等，包括单位时间内的比赛强度、球台使用均衡性等。

3）防止连场、重场、空场。①连场：某队（人）上一场比赛刚结束，下一场比赛马上就要开始。②重场：某队（人）上一场比赛尚未结束，下一场比赛即将开始。③空场：比赛时间的某一单位时间内，比赛场地中所有球台均无比赛。

4）科学地、合理地、最大限度地使用比赛场地。正规比赛场地应为不少于14米长、7米宽的长方形，高度为5米，四个角可用不超过1.5米的挡板围起，基层比赛可根据具体情况适当调整长和宽的距离，但尽量不少于10米长、5米宽。

5）各项决赛的安排应分数次进行。现在通常采用1、1、1、2、2制来安排决赛的时间，即一节只安排一项决赛，如女子团体、男子团体或混合双打的决赛。在一节中也可安排两项决赛，如女子单打和男子双打的决赛、女子双打和男子单打的决赛。这也是一种较为理想的办法。

6）尽量缩短比赛时间。在保证完全符合比赛规则、规程的前提下尽可能缩短整个比赛时间。

（2）编排工作程序。①设计整体编排方案（各项目大体安排和所用时间）；②搞好多种预案；③团体比赛编排；④单项比赛编排；⑤球台设置方案；⑥核查编排结果；⑦编印技术文书（秩序册）。

（3）编排具体操作步骤。①报名参赛运动员人（队）数统计表。根据比赛规程中的参加办法进行参赛运动员人（队）数统计。②各项目轮数、场数统计表。根据比赛规程中的比赛办法进行各项目轮数、场数统计。③比赛日期、时间、台号安排（划块）表。根据比赛日程安排每节中所进行的比赛项目、轮次、场次。例如，12张比赛球台，每节每台安排8场左右比赛，共需443/96=4.6节左右，最少需要6~7节左右比赛时间。混合双打的1~3轮84场比赛可安排在第一节比赛时间进行。如要在三天8节时间内完成，则需443/8=55.4，55.4/8=7，最好使用8~10张球台。④编写比赛秩序（具体日期、时间、台号）明细表。

（四）乒乓球比赛电脑编排抽签简介

从1990年开始，解放军体育学院与中国乒协联合研制"乒乓球比赛组织管理系统（CATS）"，经过多年的研究，终于完成了系统的研制，达到了预期的目的。CATS乒乓球比赛组织管理系统是目前世界上唯一能集报名、抽签、编排、成绩打印于一体的系统，已成功地应用于国际、国内大型比赛和基层群众性比赛，并于1998年6月通过了国家体育总局的鉴定，鉴定委员会一致认为该系统填补了国内空白，达到了国际领先水平。目前，在原有的系统基础上，开发了新的更高版本的CATS，它具有将不同组别（如甲组、乙组、丙组……）合起来进行抽签编排的功能，解决了困扰单位举办乒乓球赛的抽签编排难题。

1.CATS系统的功能

（1）名单录入。在这个模块下主要完成各个参赛队的队名、队员名单、裁判员名单的录入，并可以核对录入的名单。

（2）项目名单。在本模块下主要完成男、女团，男、女单打，男、女双打以及混合双打等的运动员名单的录入。

（3）规程设置。本模块下主要完成比赛场馆、球台，比赛时间的设定，并且确定抽签的原则和比赛的规程，即各项目决出前几名和打印团体或单项台次、时间表。

（4）抽签。在本模块完成男、女团，男、女单打，男、女双打以及混合双打等各个阶段的抽签。

（5）编排及成绩录入。本模块主要完成各个项目的编排、成绩录入，打印成绩册、秩序册以及完成团体或单项比赛秩序的调整。

（6）大奖赛数据转换。大奖赛数据转换，可将运动员名单从 Excel 表直接转换到 CATS 中。

2. 应用 CATS 完成比赛组织管理流程

当接受任务后，应及时了解比赛规模、赛制、场馆、比赛时间、有无电视转播、有无观众等信息，而后流程如下：

（1）接到团体抽签结果后，建立 Excel 表格，将参赛运动队队名输入。

（2）进入大奖赛数据转换，将运动员名单转换到 CATS，以建立新的数据。

（3）进入场馆设定模块，设定好场馆和球台及比赛开始时间。

（4）进入各项抽签及设定模块，确定抽签原则及决出前几名。

（5）进入男团、女团名单模块，将参赛队队名录入。

（6）进入男女团体抽签模块，将抽签结果输入。

（7）进入团体编排模块，将团体编排方案输入系统，打印团体秩序册、节目单。

由于乒乓球比赛的参赛队和参赛人数的不同以及赛制的不同，给比赛的组织带来了很多的麻烦。而 CATS 可以适应不同比赛的要求，具有通用性、科学性、规范性、人机界面友好、排版打印功能完善等优点，目前正被广泛应用。

第三章

乒乓球运动教学与训练计划制订

第一节　乒乓球教学理念

进入21世纪，现代社会对人才的需求提出了新的要求，高等教育在培养高素质专门人才方面起着重要作用，而培养高素质复合型人才需要更新教育思想、教学理念、教学方法和教学手段。高校体育教育为了顺应时代的发展，适应现代社会对人才培养的需求，必须把提高体育教学质量放在首位。质量是高等教育的生命线。因此，对高校体育乒乓球课教学理念进行更新是非常必要的。

（1）首先要贯彻"以学生为主体"的教学理念。高校体育工作始终是围绕学生的全面发展而展开的，育人是其根本目的。引导人、锻炼人、培养人、发展人，使每个学生都成为全面发展的人才，是乒乓球教学应遵循的基本理念。

（2）体育教育要以"健康第一"为指导思想。健康是人生的主旋律，是体育教学的落脚点和归宿。健康第一是对体育教学强调的增强体质、掌握体育内涵的丰富和发展。通过体育教育，培养大学生的健康意识，使学生能正确地认识自我，学会自我保健的方法和手段，促进大学生形成健康的心理，提高心理承受能力，增强对当代社会的良好适应性；同时，也培养大学生的健康行为和习惯，通过采取不同的教育形式和内容，促使学生改变那些不良习惯。

（3）要强调"终身体育"的教学理念。体育教学的目的不仅是为了完成学校体育的目标、任务，培养在校大学生具有健康意识、锻炼习惯和能力；更重要的是，在教学体系的构建上要着眼于培养人才的长远性、连续性和终身性，要有利于促进学生形成终身体育意识和习惯，提高终身体育能力，激励学生树立积极进取、乐观向上的人生态度，形成良好的生活习惯，让健康运动伴随一生，达到身体健康、精神健康的完美状态和提高生命质量的目的。

（4）教学中要渗透"快乐体育"的教学理念。兴趣是最好的老师，学生参与乒乓球运动，是因为对这项运动喜欢、感兴趣。在教学中努力营造和谐、快乐的气氛，使学生在愉快的氛围中努力学习，从而提高学生的乒乓球技术水平，让学生在一次又一次的竞赛活动中，感受到进步的快乐，体验愉悦的心境，是教师激励学生参与乒乓球运动的有效手段。所以，成功的教学应是重视每一位学习者，既面向全体学生，又考虑个体差异性，让学生学有所长、学有所获、终身受用。

（5）要重视培养学生未来社会适应能力。传统的体育课程注重课堂技能技术的讲解传授，忽略在技能技术学习过程中对学生的社会适应能力的培养，过去的教学模式已不能满足学生的需求。现代化教育技术日新月异，构建校园全方位的、立体化的教育模式已成为现代体育教育发展趋势的必然。教师要不断创新教学方法和手段，一个没有创新机制的教育体制，不可能培养出一批具有创新能力的人才。要充分利用网络、数字图书、社区体育等多渠道、多途径，启发引导学生自主学习，不断了解吸取新知识、新信息、新技术，丰富教学内容，开阔眼界，提高体疗文化素养，提高学生未来社会的适应能力。

（6）教学中要确立"激励、参与、进步、发展"的评价考核观。评价工作是体育教学过程的重要环节，对于检查评价教学双边活动的效果起着重要作用。单一的对学习结果的评价已不能全面合理地评价学习的全过程，不利于激励学习者自信心的建立，不利于促进学生身心健康的发展，因此，在教学评价的理念上必须转变观念。只要有利于促进学生身心和谐发展，有利于调动学生学习积极性，有利于培养学生健康意识、锻炼习惯和能力，有利于促进学生心理发展和社会适应力提高的教学评价体系，就值得肯定和倡导；反之，则应改革。

第二节　乒乓球教学的方法与原则

乒乓球运动的教学工作是教师根据一定的目的、计划和学生身心的特点，指导学生掌握乒乓球的理论知识、技术、技能，增强体质、发展认识能力、培养良好道德和意志品质的教育过程。乒乓球教学工作的任务主要包括以下方面：

（1）进行爱国主义和辩证唯物主义的思想教育、培养优良作风。这里所说的是乒乓球教学工作中的思想教育，与政治理论课是不尽相同的。通过学习世界乒乓球运动发展史以及对具体技术、战术和教学训练中实际问题的分析，可以很自然地对学员进行唯物辩证法的教育。可以通过学习中国乒乓球运动的发展过程，对学生进行爱国主义的教育。

乒乓球运动是个人项目，但是没有对手就无法练习，而队员间的水平又总有高低之差，所以在安排教学时，就离不开团结友爱、互相帮助的精神。同时，在每次课的组织过程中，也应让学生受到组织性和纪律性的教育。在实际教学工作中，学生必然会遇到这样或那样的困难，在克服这些困难中，应使学生自觉地锻炼坚强的意志品质。总之，为了使学员能成为真正符合培养目标的人才，为了保证乒乓球教学工作的顺利进行，思想教育的工作是不容忽视的。

（2）发展身体素质、增强学生体质。乒乓球运动是一项速度特别快、变化特别多的运动项目，经常参加乒乓球运动可以改善人的中枢神经系统机能，发展速度、灵敏、耐力和力量等素质。同时，健康的体魄和良好的身体素质又是学习与掌握乒乓球技术不可缺少的条件。

（3）初步掌握乒乓球运动的基本理论知识、基本技术战术和基本技能。以上三个任务密切相连。思想教育是完成后两个任务的保证，思想教育又必须结合乒乓球教学进行。发展身体素质、增强学生体质，需要有一定的方法；而掌握乒乓球的技术、技能又离不开必要的身体素质。但它们又有区别，一个是教学因素多，一个是锻炼因素多。因此，在强调它们之间的联系时，应防止互相代替；在强调它们的区别时，又要防止绝对化。

乒乓球运动的训练工作是在教练员的指导下，为不断提高乒乓球运动成绩而专门组织的一种教育过程。乒乓球训练工作的主要任务是创造优异成绩，其具体任务为：第一，进行爱国主义思想教育，培养运动员高尚的道德品质和优良作风。中国乒乓球队长期领先于世界乒坛，经验是丰富的。而重视思想教育，为我们树立了很好的榜样。中国乒乓球队的运动员胸怀祖国、放眼世界，把为国争光的口号真正落实到了行动上，勇攀世界乒坛高峰。第二，学习与提高乒乓球的理论知识和个人打法所需要的技术、战术。就乒乓球的训练工作而言，不需要运动员掌握所有的乒乓球技术和战术，而应根据个人实际，熟练地掌握自己在比赛中有实用价值的技术和战术。第三，发展提高一般及乒乓球专项的身体素质。身体素质是运动员掌握技术、战术的基础，身体素质好，不仅有利于对技术、战术的掌握与运用，还可以延长运动寿命。第四，发展与提高乒乓球运动员所需要的心理品质。现代的乒乓球技术水平越来越高，队与队、运动员与运动员之间技术水平的差距越来越小，在这种形势下，心理因素就愈显示出它的重要作用。

以上四个任务是一个统一体，相互促进。所以，在乒乓球训练工作中，只能依具体情况有所侧重，却不可有所偏颇。乒乓球运动的教学与训练工作既有区别、又有联系。教学，是由不会到会这样一个逐步掌握并能初步运用的过程；训练，是由学会到巩固提高并能熟练运用的过程。在整个教学中都需要一定程度的训练，在整个训练过程中也必须随时进行必要的教学，以便更有效地提高与改进。可见，如果没有必要的教学程序和方法，只是一味单纯地练习，也难于提高。教学是训练工作的开始，训练又是教学工作的继续。乒乓球的教学与训练工作是一个统一的教育过程，不应该将二者加以割裂。

一、乒乓球教学方法

（一）乒乓球教学的语言法

（1）讲解法。讲解法是乒乓球教学工作中一种运用语言法的最普遍的形式。即教师用语言向学生说明教学的任务、内容、要求、动作名称、动作要领等进行教学的一种方法，它在理论教学思想教育和技术教学中都起着重要的作用。具体运用时，应注意以下方面：

1）目的明确、有的放矢：根据教学任务和学生的实际情况，有针对性、有区别地进行讲解，注意客观效果。在理论课或专门分析、讲解技术动作时，可以较详细地讲；但在练习课上（特别是学生练习情绪很高，打得正上劲时）应尽量少讲。

2）内容正确、表达清楚：语言是人们表达和交流思想的工具，要使其真正发挥作用，第一要求我们头脑中的思想或概念要正确；第二还要善于表达。在乒乓球教学中，就是教学内容正确、具有科学性，同时还必须注意选用最能够把头脑中的概念表达清楚的语言。否则词不达意，会引起学生的误会或形成错误的概念。这不仅需要在语言上重视，而且还应虚心、认真地调查研究学生现有的知识、经验和理解程度。教师、教练员都应该在语言上多花精力学习。为表达清楚，除了在语言上需要重视外，还应注意理清头脑中的思想。另外，在讲解理论课时，把重点或提纲写出来，以起到提纲挈领的作用。

（2）口试及口头评讲。口试是在测验或考试时要求学生用口头回答的一种方法。学生拿到题目后可有短时间的准备，可书写简短的提纲，然后进行回答。学生在回答过程中，教师遇有疑问或觉得有必要进一步发问时可进行提问。此法既可了解学生掌握知识的情况，又可锻炼学生的口头表达能力。

口头评讲运用很广泛，是教师对学生掌握知识、技术、技能的情况和思想作风等方面表现的一种反馈。在乒乓球技术教学中，一般运用口头形式给运动员以即时反馈者为多，即在学生做练习后马上进行指导或提出新要求。最好在完成动作后的25～30秒内，因为一般对动作的记忆大多是在大脑皮层的短时间储存，超过25～30秒就会消退25%～30%。在口头讲评学生的思想作风表现时，原则上应讲究实事求是。但对自尊心强、想得又比较多的人，应讲究方式、方法和说话的分寸。而对屡教不改又满不在乎的人，可考虑说得适当重些。

（3）"默诵"或"自我暗示"，可看作是无声的语言。在编制此类套语时，应注意目的明确并与个人实际密切结合，所用语言应尽量准确、生动、形象，以最能引起相应的联想为好。

（4）阅读书面材料：现代教学不一定都要老师讲，很多时候可以请学生看书面材料。这不仅可使学生获得知识，而且还能培养学生的自学能力。另外，教师还经常以书面形式对学生进行教育和指导。如批改训练日记等。在这里，文字被看作是书面的语言。

（二）乒乓球教学的直观法

（1）动作示范。动作示范是进行乒乓球技术教学时最常用的一种方法。教师根据任务选择具体的动作为范例，使学生了解需要学习的动作形象、结构、要领和方法，它不仅有利于学生形成动作表象，而且还能引起学生的兴趣（尤其是当示范的动作非常协调、漂亮时）。具体运用此法，应注意：第一，明确目的、选好对象。选择最符合教学目的和要求的示范者，不要仅以名气大小作为选择示范者的根本标准。如学习正手攻球，选一位名气虽大但正手攻球的基本动作欠佳的人来做示范就不好。乒乓球技术教学中的示范可分为：打球与徒手动作示范、正确与错误动作示范。它们各具特点，应根据教学实际情况选择用之。第二，注意示范者的位置和方向，以让学生能看清为准。第三，与讲解相结合：一般在学习新动作时，多采用先示范后讲解的方法。而在进一步分析动作或纠正错误动作时,宜边示范(慢动作示范)边讲解的方法。

(2)直观教具。直观教具充分发挥图表、模型和照片的作用。在乒乓球教学中这方面还需要加强。真人示范经常一晃而过,直观教具可以长时间观摩,而且还可根据情况突出某个细微的环节。

(3)电化教育。应充分发挥电影、录像的作用。看一次实际训练或比赛,可能印象不深;或看了这个,看不了那个;注意了这方面,忽略了那方面,而电影和录像却可弥补此不足。特别是慢速电影,更有它的独到之处。

(4)助力与阻力。借助外力(如教师)的帮助或对抗力的阻碍,使学生通过触觉和肌肉的本体感觉,直接体会动作的要领和方法,多在初学或纠正错误动作或体会某一动作细节时运用。

(5)利用附加装置引导技术动作的方向、幅度和用力方法。例如,适当升降网高,调整学生击球弧线的高度;在对方球台上放置物品,提高学生击球的准确性。

(三)乒乓球教学的分解法与完整法

在乒乓球教学工作中应注意把分解法与完整法结合运用,二者区别包括:第一,定义方面,分解法把完整动作合理地分成几部分进行教学,最后达到全部掌握;完整法一个动作从始至终不划分部分,完整地进行教学。第二,优点方面:分解法分析动作细腻、重点突出;完整法利于完整地掌握动作(尤其是动作节奏)。第三,不足方面,分解法搞不好割裂了动作,破坏了原动作节奏;完整法则动作细节不易分析、体会。第四,注意点方面,分解法的动作划分要合理,注意分与合相结合;完整法简化动作要求、突出教学重点。如初学动作,应先要求掌握动作轮廓。

(四)乒乓球教学的练习法

乒乓球教学中分不打球的徒手动作练习(又可分手法、步法及二者的结合练习)与打球练习。打球练习,又可分为不上台(如垫球、对墙打、打吊球等）与上台的打球练习。上台的打球练习，又可分为单球与多球练习。上台的打球练习，按其练习内容又可分为若干种（具体可参见训练方法，二者许多地方可以通用）；按要求又可分为计时（规定某练习内容的时间）、达标（规定某练习内容需完成的具体数字指标）；按练习目的又可分为单个技术练习、综合技术练习（如推、侧、扑练习）与战术练习。战术练习，又可分为单个战术与综合战术练习。下面以计分练习法中可用方法为例。

（1）定时总记分法：在规定的时间内，双方按原定练习内容的要求进行记分比赛，最后看总比分是多少。此法在进行任何内容的技术练习时皆可采用。定时总记分法，不仅可提高学生的练习积极性，而且还可锻炼他们的意志。因为要在规定的时间内看得失分比例，所以，能胜 1 分是 1 分，能少输 1 分就少输 1 分，从而培养了学生胜不骄、败不馁的战斗作风。

（2）净胜 6 分法：双方按原定训练内容的要求比赛，一遇失分即从得分中减去，最后净胜 6 分为胜。此方法可提高练习兴趣，培养学生的毅力。净胜 6 分，并非易事，中间起伏很大，心理活动亦较复杂，但正好锻炼了运动员的意志品质。

（3）记板数法：在练习中，记某一运动员在一定时间内或规定的球数中，连续还击的最高板数。在记数的对打中，陪练者击球失误不算，继续练习时应累计其分。此法适用于初学或技术水平较低者，借增加击球的板数，提高控制球的能力，亦可作为衡量他们技术进步的指标之一。为调动练习积极性，还可规定每堂课的指标。此法的不足是测定结果与陪练者的关系太大。为防止被测者单纯追求击球板数而降低技术质量的现象出现，还可采用定时记板数法。如测定内击球的总板数。若击球质量过低、速度太慢，虽然单个球的板数增加了，但单位时间内的击球总板数却减少了。

（4）记命中率法：适用于测定某一单个技术或某组配合技术的命中率。在规定的时间或数球内，做好得、失分记录，然后用得分数除以得、失分之和。

（五）乒乓球教学的比赛法

比赛法既是教学的方法，又是检查教学的手段，在调动学生的积极性方面具有特殊的作用。比赛按其内容可分为专门性的技、战术比赛（如正手对攻比赛、发球抢攻比赛等）与实战性比赛；按比赛的规模与气氛，又可分为内部比赛与公开比赛；按比赛的分数还可分为规则规定的比赛（如每局21分或11分的比赛）和特定比分赛（如20平、15平以及让分比赛等）。运用比赛法时，可根据不同的目的，选用不同的比赛方法。另外，还应特别注意在整个乒乓球教学计划中比赛所占的比例。

（六）预防与纠正错误动作方法

教师在教新动作前，应考虑到可能出现的错误，并设法预防之。但由于各种原因，学生在学习中仍会产生这样或那样的错误，教师应及时予以纠正，谨防形成错误的动力定型。预防与纠正错误动作，应先找出产生错误动作的原因，主要包括以下方面：

（1）目的不明确。有些运动员的错误动作是由于喜欢"玩球"而产生的，特别是在精神和身体感到疲劳时，放松了对技术的要求，随意打之，久而久之就形成了错误的动作定型。纠正方法：加强打球目的性的教育，说明"玩球"的危害。

（2）学生对所学动作的技术概念不清。这可能是由教师与学生两方面的原因造成的。如教师讲解不清或教法不当，学生不虚心听讲，自以为是或本身理解错误都可能形成错误的概念，养成不正确的动作。纠正方法：请学生讲解并示范动作要领，发现错误，及时纠正。另外，教师应经常检查提高自己的教学水平。

（3）不利的心理因素。如有人怕动作大，以至形成腰、腿都不会动的错误动作。又如，拉弧圈时，过分强调了摩擦球要薄而产生漏球的现象。纠正方法：从道理上讲清、用实例说明。

（4）身体素质不好。如有人协调性差，打球动作僵硬。纠正方法：对症下药，有针对性地进行身体训练。

（5）安排的练习内容不当，也可造成错误动作。如初学者正手攻球过多地打直线，易形成发力差（击球动作少），不会打斜线大角度球的不足。又如初学攻球者过多地安排了打削球的练习，易形成拍形后仰，不善打弧圈球的不足。纠正方法：根据不同技术特点，合理安排练习内容。教师应经常总结练习内容与掌握技术之间的关系。在乒乓球教学工作中，应灵活地运用以上的教学方法，注意相互结合。

二、乒乓球教学原则

乒乓球教学工作原则，是乒乓球教学过程客观规律的反映，是长期从事乒乓球教学工作的经验总结和概括，是教师在进行乒乓球教学工作时必须遵循的基本要求。乒乓球教学工作原则如下：

（一）理论与实际相结合原则

在乒乓球教学中，应充分发挥理论知识对技术、技能学习的指导作用；而在学习与掌握技术、技能时又应不断加深对理论的理解。在乒乓球教学工作中，应充分发挥理论的指导作用，使学生对所学技术不但知其然，而且还知其所以然。具体贯彻此原则，应注意：第一，全面分析教材内容，合理安排教学进度，以利于理论和实际的相互促进，既发挥了理论对技术教学的指导作用，又可在技术教学中加深对理论的理解；第二，在理论教学中，注意联系技术教学中的实际；在技术教学中，充分运用所学理论进行讲解、示范和分析；第三，在运用直观性原则进行技术教学时，应特别注意与理论思维相结合。

（二）自觉积极性原则

在教学过程中，使学生明确学习目的，把认真完成学习任务变成自觉的行动，并能在实践中自觉地运用所学的基本理论、技术和技能。乒乓球教学工作是教师和学生的双边活动，只有当学生具备了高度的自觉性和积极性以后，才能主动地去学，从而使教学真正收到效益。若学生没有学习的自觉性，学习效果就一定不会好。从乒乓球的教学特点出发，学习与掌握动作的实质是形成条件反射、建立动力定型。而学生的学习积极性与大脑皮层适应兴奋状态，正是形成条件反射不可缺少的条件。

实践中，贯彻自觉积极性原则常采用的方法为：第一，明确学习目的。对学生加强思想教育，使之认识到学习的社会意义，树立为祖国而学的雄心壮志。第二，明确每次课的任务、要求，明确每个教学内容的意义和作用。第三，教学内容丰富多彩、教学方法灵活多样（如变换游戏法和竞赛法等）。运用启发式的教学方法，启发学生积极、主动地去思维，培养学生分析问题和解决问题的能力。第四，使学生看到自己的进步与成绩。

（三）直观性原则

在乒乓球教学工作中，尽量利用学生的各种器官感知动作形象，使其形成清晰的表象以达到初步掌握乒乓球理论、技术和战术的目的。人类认识事物的一般规律都是从感性认识开始的，乒乓球的教学当然也不例外。根据直观性原则，在可能的范围以内，一切事物都应该尽量地放到感官前，一切看得见的东西都应该放到视觉前，一切听得见的东西都应该放到听觉前，气味应该放到嗅觉前，尝得出和触得着的东西应当分别放到味觉和触觉前。假如有一件东西能够同时在几个感官上面留下印象，它便应当和几个感官去接触。在乒乓球教学工作中，是离不开打球等身体活动的，所以，综合运用各感官（包括视觉、听觉和肌肉本体感觉）是贯彻直观性原则的一大特点。

在具体运用直观性原则时，应注意：第一，广泛运用各种直观方式：动作示范、观摩优秀运动员的练习与比赛，教具演示、电影与录像、徒手动作示范、手把手地练习、跟着教师做模仿练习等。在乒乓球的技术教学中，开始视觉往往是主要的，听觉是次要的；但概念一经形成，进入通过反复练习达到掌握动作的阶段，肌肉本体感觉就越发显得重要了。第二，直观要有明确的目的和要求：选择称职的直观对象（如基本动作好的优秀运动员），并依具体教学的任务、计划和要求向学生指明看什么和怎么看的问题。第三，生动形象的语言具有直观的作用：语言本身是抽象的，但若用形象生动的语言并能注意与学生过去的经验相结合，则可使语言起到直观作用。第四，直观与思维相结合：练与想相结合的方法比单纯地练具有明显的效果。

（四）从实际出发的原则

在乒乓球教学中，应力求符合学生的身体、技术、技能和知识的基础水平及现有的教学设备条件等实际情况，使学生既能够接受，又便于教学工作的组织。贯彻此原则时，应注意：第一，深入调查研究，明确学生的培养目标，了解乒乓球运动发展的趋势，掌握学生诸方面的基础水平，使三者密切结合。具体在组织课时，还要考虑到学校现有的设备条件。第二，一般要求和区别对待相结合。教师的主要精力应放在大多数学生上，但又要注意区别对待，既不要因照顾少数而失去多数，也不能因照顾多数而忽视了少数学生的特殊性。

（五）循序渐进的原则

乒乓球教学的内容、方法应由浅到深、由易到难、从近至远、由简到繁、由已知到未知，逐步深化，在运动负荷的安排上应有节奏地逐渐增加。具体贯彻此原则，应注意以下方面：

（1）安排教学内容、教学步骤时，必须遵循由易到难、由简到繁、由表及里的规律。

（2）加强计划性，充分考虑到教材内容中纵的联系与横的联系。一个技术的教学程序是纵的联系，与其他技术的关系是横的联系。前课应是后课的准备，后课对前课应起到巩固、补充和提高的作用。

例如，一项乒乓球技术的教学程序应为：诱发动机；建立动作概念；学习技术动作（建立动作概念与学习技术动作有相互作用的关系）；提高技术质量；与其他技术配合；战术练习；比赛运用。又如，单个乒乓球战术的教学程序应为：诱发动机；明确此战术的概念；掌握该战术所需要的技术（亦可以把此项放在最前进行）；单个战术练习；综合战术练习；比赛。

（3）全面系统与重点突出相结合，切勿绝对平均。

（4）运动负荷有节奏地逐渐加大；大、中、小负荷的合理调整，原则上应遵循：负荷—适应—负荷—适应的规律进行。

（六）巩固提高原则

在乒乓球教学工作中，学生应不断巩固已学习过的理论知识、技术和技能，并在此基础上不断提高。乒乓球技术、技能的掌握是大脑皮层建立动力定型的结果，不及时强化就会消退；不断强化，才能得到巩固与提高。贯彻此原则，应注意：第一，反复讲解、反复练习、不断强化、逐步提高。反复不是简单的机械重复。如学习技术动作，开始要求掌握动作轮廓、动作路线，而后渐渐过渡到对技术细节的要求；开始打过去球就行，而后渐渐提出对击球质量的要求。第二，采用各种方法，不断重复，达到巩固提高的目的。如提问、测验（笔试、口试）、测试击球板数、计命中率、比赛、讨论请人辅导或给人辅导。第三，加强思想教育，理解巩固提高的意义。这些教学原则是相互联系、相互渗透的，因此，在实际的乒乓球教学工作中应注意全面考虑、综合运用。

三、乒乓球训练工作原则

乒乓球训练工作原则，是乒乓球训练工作客观规律的反映，是长期从事乒乓球训练工作实践的经验总结与概括，是进行乒乓球训练工作必须遵循的准则和基本要求。由于乒乓球训练工作的原则是从教育学、生物学、心理学等不同角度进行分析和研究后而制定的，所以，某些乒乓球教学工作的原则在训练中亦是适用的，如：自觉积极性原则、直观性原则等，这里就不再重叙了。

（一）按需训练原则

乒乓球训练工作的目的，是提高比赛成绩。因此，训练中的一切安排都必须符合乒乓球运动的规律，都必须符合乒乓球比赛的实战要求。科学训练，那就应将决定乒乓球选手运动能力的各种因素都找出来，并对他们的各自特点及其相互关系进行一番认真的研究。否则，训练就难免盲目。决定一名乒乓球选手竞技能力的因素大体可归纳为：形态、机能、素质、技术、战术、心理和智力等七个方面。

随着乒乓球运动的不断发展，对运动员身体形态方面的要求已不再是可有可无的了。身长适当高些，更有利于掌握现代乒乓球的技术；身体过分单薄，体重太轻，对掌握某些打法或技术（如弧圈球），就显得"先天不足"。乒乓球运动虽然不属于体能式的项目（如田径、游泳），但是没有必备的一般和专项身体素质，显然无法成为优秀的选手。

乒乓球选手要提高相持能力，应具备一定的中台进攻能力，这除了技术要求外，力量素质的作用也是相当重要的。参加世界比赛，一般要在10天内连续进行20～30场比赛，在单项决赛的一个晚上，有的运动员要参加2～3个项目的决赛，如果没有很好的专项耐力，就很难在比赛中取得理想的成绩。乒乓球运动员在进行身体训练时，应特别注意把一般和专项身体素质的训练结合起来，优秀运动员应以专项身体训练为主。

技、战术的训练，应为乒乓球运动员的主要训练内容。这里，需格外强调符合实战的要求，否则就会练成"球架子"，平时练习好看，上场比赛效果不好。心理因素，在现代乒乓球比赛中的作用越显重要。运动水平越高，心理因素在比赛中的作用就越大。智力，具体地说应包括：观察、记忆、想象、思考和判断能力（分析与解决问题的能力）等方面的内容。

（二）适宜负荷原则

这一原则的理论根据是"超量恢复"。整个训练过程可简单地归纳为：负荷、疲劳、恢复和提高。负荷适宜，在疲劳消除，身体恢复后可使机能得到提高。负荷在适宜的范围内，负荷越大，技术与身体素质提高得也越大越快。

但每个人的负荷总是有一定限度的，超过此限度，不但会使技术退步，甚至还会损害身体健康。当然，负荷过小，对机体刺激不大，也不会使技术和身体素质提高。

负荷一般包括负荷量与负荷强度。负荷量以练习的次数、时间、距离、重量来表示；负荷强度，以练习的速负重量、密度、难度或一定的速度、负重量、密度、难度的练习占总练习的百分比来表示。负荷量与强度的关系是辩证的，任何一方都是以对方为存在的条件，同时又都给对方以影响。在具体实践中，应注意从实际出发，根据不同选手、不同打法、不同训练时期的任务、身体状况等条件有所区别。应注意循序渐进、有节奏地逐渐增加运动负荷，直至最大限度，并处理好负荷与恢复的关系。讲到负荷，还应明确它包括生理负荷与心理负荷。

在专项训练和比赛中，动机是个很重要的问题，缺乏动机就不可能具有最大限度地动员肌肉、神经系统的心理能力。长时间从事专项训练，要克服厌倦情绪。另外，比赛胜负、训练指标完成得好坏、社会因素的影响以及运动员的身体状况（包括伤病等），都会对运动员产生不同的心理负荷。在心理承受了负荷后，要特别注意对其的恢复。有时比赛可不必提出指标、训练可变换环境、大赛后换环境调整及自我暗示等都可对心理负荷的恢复起到一定的作用。每个人的机体都有保护的本能。一般而言，如未经训练，在运动中可动员出机能的 70%，如果经过训练可达到 90%（在特殊情况下，经过特殊的心理状态的动员，可略为超过 90%）。剩余的 10% 可看作是人体的保护性本能。若超过 95%，接近 100%，则可能出现不良后果。

（三）系统训练原则

竞技能力的提高，是一个长期的生物适应过程，对人的生理和心理机制的改造不是短时间内可以完成的。所以，我们必须持续地、渐进地对机体进行训练，逐渐提高机体的各种能力。乒乓球运动员取得优异成绩，一般需 8～10 年时间的训练，训练的过长间歇或停顿会导致身体机能的退化。这种消退现象不仅表现在体能上，而且还包括对技术和战术的掌握和运用上。因为通过训练所获得的技术和战术能力，其实质是神经系统的暂时性联系，训练中断就会使这种神经联系减弱、条件反射消退、动力定型被破坏。

另外，就乒乓球运动所需要的身体素质、技术、战术等都有特殊的结构程序和内部联系，只有系统地、有步骤地训练，才能取得效果。具体在贯彻系统训练的原则时，应注意：第一，贯彻多年、全年系统的训练，注意各周期之间的有机联系；第二，注意训练内容、手段和负荷的内在联系；第三，负荷的增加，只有渐进才能持续。

（四）周期安排原则

运动训练的结构是呈周期性的，原因如下：

（1）周期性是物质运动的一个普遍规律，乒乓球训练也不例外。当运动员处于竞技状态的时候，就可能创造优异的成绩。竞技状态的获得、保持和消失也是呈周期性的。运动员不可能处于一直都能动员自己发挥最大潜力的这样一种状态，人体的生物性保护本能就决定了运动员获得的竞技状态保持一定时间之后，必然会进入一个渐退至消失的阶段。

（2）人体机能的提高是通过负荷、疲劳、恢复、提高这样一个循环往复的过程进行的。进一步讲，人体机能的提高就是这样一个呈周期性循环的过程：首先是给予负荷，由此导致能量物质的消耗；然后又通过恢复使能量物质再生，人体机能恢复之后，又进而通过超量恢复，使机能获得提高。这样，一个过程结束了，接着又要开始新的过程，在新的高度上实施新的负荷，即在新的高度上实行新的循环。这就是人体机能提高的一个最简单的模式。

（3）运动训练的直接目的是在比赛中创造成绩，而比赛日程的安排又往往和季节周期密切联系。奥运会四年一届，一般在夏季举行。我们在安排训练时，必须以此周期为依据。换言之，就是教练员应根据竞技状态形成的规律，通过合理的安排，使运动员在预定的比赛期内表现出最佳的竞技状态。

（五）统一安排与区别对待相结合原则

乒乓球运动虽基本属个人项目，但任何人都必须在一个集体中才能训练、成长，一个人单独进行练习，是无法提高专项成绩的。在安排训练时，既要注意到全队需要解决的共同问题，又要注意运动员的不同情况，并应尽量使两者结合起来。一般采用的方法是将一个训练单元划分为两部分：一部分为统一安排时间；另一部分为个人计划时间。在统一安排的时间内，规定统一的任务，但在具体训练内容、方法和要求上，又可依个人具体情况区别对待。为了把训练工作搞得更细，尤应注意对每个运动员进行深入、细致的调查研究，建立业务档案。

（六）训练与比赛相结合原则

比赛不仅是训练的目的，而且也是训练的依据。所以，训练必须从比赛的实际需要出发。但从另一角度而言，比赛还是训练的一种特殊形式，许多技术、战术和心理等方面的问题，只有通过比赛才能得以巩固、提高。在实践中应把二者结合起来，具体应注意：第一，安排比赛的次数要适度：比赛次数过少，对运动员的刺激小，会影响他们训练的积极性；比赛次数过多，又容易使运动员对比赛失去兴趣，有时还会影响到某些技、战术的掌握与提高。这里，适度最重要。第二，对初学者，不宜多安排比赛；随技术水平的不断提高，应增加参加比赛的机会；对优秀选手而言，甚至可以在一定程度上"以赛代练"。第三，一般在训练期的前段，多以提高技术或弥补不足为主；在训练期后段或赛前训练，应不断增加战术训练的比例，并增加比赛的次数。

（七）树立技术风格原则

在乒乓球的技、战术训练中，必须抓准、抓狠、抓好技术风格的培养这一重要环节。培养怎样的技术风格，将直接关系到运动员的发展方向和可能达到的水平。教练在培养运动员的技术风格时，应注意以下方面：

（1）既要根据世界乒乓球技术发展的趋势，不断丰富各种不同打法的技术风格；又要特别注意运动员的具体特点，培养其各自不同的独特风格。

（2）教练应同运动员充分交换对技术风格的看法，认真听取运动员的意见。

（3）技术风格确定后，应在训练和比赛中严格贯彻，不要轻易改变。运动员的技术风格是受思想支配的，应强调思想领先的原则。某些影响技术风格的问题，还可采取特殊手段解决。如，对动辄退台防守的快攻手，可在其身后设置障碍物，迫其必须坚持近台快攻。

（4）坚持技术风格绝不等于一成不变。反之，必须密切注视世界乒乓球技术发展的新动向，而对原来的技术风格不断有所发展和创新。正因为此，我国才培养出一批又一批的世界优秀选手，他们都具有鲜明的技术风格，并且后一代又总在前一代的基础上有所发展。

（八）全面技术与特长技术训练相结合原则

从现代乒乓球技术的发展看，运动员要想攀登高峰，不仅必须掌握本类型打法的全面技术，而且要有自己的特长技术。技术全面，主要是要求运动员在技术上不能有明显的漏洞，既能对付各种不同类型打法，又能依据不同来球，灵活采用相宜的技术。特别应提出的是，技术全面的要求不是一成不变的，它会随形势的发展而有所变化。运动员竞技能力总体结构中发展水平最高的局部叫作特长。运动员所掌握的独特的克敌制胜、成功率很高的技、战术叫作绝招。优秀运动员在注意技术全面的同时，还必须特别注意发展个人的特长和绝招。

在训练实践中，应注意：第一，在训练初期（运动员训练水平较低时），可侧重于全面技术的训练；而后随技术水平的不断提高，尤其是接近或已成为优秀选手时，应突出特长或绝招的训练；第二，在以全面技术训练为主时期，应注意发现和建立运动员的特长技术；在以发展特长技术为主的训练时期，应注意对全面技术的巩固与提高；第三，切忌使二者脱节，不能等技全面了再练特长;也不能过早地、过多地进行特长技术训练,而忽略了技术全面的练习。

第三节 乒乓球课教学建议

在普通高校体育教学领域中,有关乒乓球教学理论与实践的研究已达到相当高度和深度,对促进高校乒乓球教学研究,提高本科教学质量起到积极推动作用。

一、乒乓球课教师教学建议

随着高等教育规模的扩大和发展,教学设施环境条件的更新变化,在学生生源结构、体育基础状况等方面,出现了许多新情况新问题,给体育教学工作带来了新的压力和挑战。这就要求教师要不断探索新问题研究新情况,努力提高体育教学质量,这里提出如下教学建议:

(1)对备课要认真准备。上课前,要充分了解学生的乒乓球专项基础及以前的学习经历。这种了解交流可通过课余时间到运动场地走访观察,与学生进行交流、沟通。

(2)要善于进行乒乓球教学设计。乒乓球教学设计分为课程教学设计和教案设计两部分,前者包括教学大纲、教学进度安排等;后者则是对一个教学单元或一节课的设计,在充分了解授课对象的基础上,根据大纲教学计划,安排适宜的教学内容,考虑学生能够接受的程度,运用各种教学方法和手段精心组织教学。

(3)应掌握调控课堂学生情绪的艺术。乒乓球教学的特点是:学生分台练习,球台分散,场地范围较大,如学生人数多更是如此;学生兴奋性较高,兴趣浓厚,教师集中组织教学还未结束时,学生大都表现出急不可待、跃跃欲试的心情，注意力和情绪也不易控制；再加之几人合练一台，水平各有差异，经常是拣球比打球时间多，造成互相干扰，课中出现一定程度的"乱"现象，给组织教学带来一定难度。因此教师要具备调控课堂学生情绪的艺术，使课堂教学在有序、愉快、轻松的氛围中进行。

（4）缜密思考组织教学的方法和手段。教师巡视指导，发现学生存在的问题应及时指出并纠正，一般可采用以下方法：

1）"多"球练习法，指某一学生单独练习时，其余学生站在球台两角拣球供给，3~5个球即可轮回。

2）多种组合搭档练习法，如水平接近分组、男女生同台分组、水平有差异的互帮互助分组等多种形式的组织教法，营造和谐、愉快、有序的教学情境。

3）要掌握好教学中"纠错"与"不纠错"的时机。在教学过程中，学生出现错误动作是经常遇到的问题，按照教学的基本原则和方法，学生一旦出现错误动作应立即纠正。但是，普通体育教学中的大学生学习乒乓球的水平参差不齐，如果按照传统的教学训练方法来纠正他们已经定塑的技术动作，并非易事。这并不是说教师对错误动作可以视而不见，而是应该研究方法和时机，针对不同学习阶段的学生予以区别对待。

初学者出现的错误动作，要通过正确示范、练习方法及时纠正，使其改进提高；对已有一定基础的学生，教师发现其某个技术动作出现习惯性错误时，要及时指出错误动作给击球质量带来的影响，正确的技术动作应是怎样的，使得学生逐渐体会，自我改进。教师注意讲究语言和方法，切不可影响学生练习积极性，如果在纠错时语言方法运用不当，教师的否定会使学生产生自我否定而失去学习信心。其实，这种过分强调纠错的后果，对教学效果是不利的。

4）要拓展乒乓球学习大课堂。乒乓球教学不应拘泥于教学课堂内，教师要拓展课程教学的时间和空间，指导学生利用多种途径学习和掌握现代乒乓球新知识、新信息、新特点，可采用课余专题讲座、观看电视录像转播、网络课堂互动形式、校内外竞赛、组织培训裁判考核、推荐参加校外竞赛裁判工作等多种形式，提高学生乒乓球技能及社会适应能力。

5）技术动作教学时，应重视对拍触球瞬间发力的指导。传统的教学方法多注重动作外形的规范，而忽视对击球瞬间用力的指导，影响了击球的实效性；现代乒乓球技术教学，则是二者的有效结合。

（5）要建立有利于促进学生身心健康发展的考核评价体系。考核评价的目的意义：乒乓球教学的考核评价工作，作为体育教育组织管理和质量管理的重要环节及特殊形式，是学校体育教学的重要组成部分。在教学实践中，要研究探索学习过程，把学习过程与学习结果很好地结合起来，课外锻炼与课内学习结合起来，近期学习目标与终身体育锻炼结合起来，建立有利于促进学生合作精神、交往能力、创新意识以及终身体育能力培养的评价体系，这对于激励学生学习进步，促进身心健康发展有积极意义。

综合考核评价指标设置包括：基本技术、教学比赛、学习态度、素质体能等，各项按照权重加权，得出总分成绩。设置乒乓球综合考核评价的要求包括以下方面：

第一，考核评价内容体现素质教育的全面性。这种评价不应局限于体育教学理论、技术技能、身体素质、智力发展等认知领域，而且要延伸至学生的品德、个性、意志、态度、人格等非认知因素的发展。因此，体育教学评价不应只从某一方面的技能去评价学生，而应以全面的视角评价学生，促使学生创新能力和实践能力的提高。通过学习过程及考核评价，调动全体学生的锻炼积极性，促使他们养成锻炼习惯意识，重视学习过程进步幅度，提高体育实践能力，让每一位学生在教学活动中都能找到自己的发展空间和努力方向，实现运动参与目标。

第二，考核评价内容的实用性。即加强与社会和生活的紧密联系，注重学生个体终身体育能力的培养，不但要评价学生近期学习过程及效果，还要激励学生努力实现近期体育目标与远期体育目标的有机结合，真正体现学校体育的教育、健身、人文及社会价值，促进不同层次学生的全面发展。

第三，考核评价内容的创新性。即为学生个体创新精神的发展提供空间，通过体育实践活动,培养学生的体育基本能力及创新能力。具体而言,包括基本技术的实战动用能力、竞赛规则及临场裁判操作能力、合作与交往能力、情绪及心理调适能力、良好的社会适应能力以及创新能力,全面实现身体健康目标、心理健康目标以及社会适应目标。

第四,考核评价内容的灵活性。体现教学内容和教学组织形式的选择性和弹性,给学生和教师都留有较大的选择空间。

第五,考核评价标准的可操作性。要符合学生实际,不流于形式,不走过场,既要面向全体学生,体现"以人为本"的人文理念,体现健身、教育和社会价值,又要根据不同学生的需求和个体差异因材施教,尊重每一个学生的个性和特长发挥,真正发挥评价对学生个体的激励与发展作用。

二、乒乓球课学生学习建议

乒乓球课以必修选项课、选修选项课及乒乓球俱乐部等多种形式走进普通大学校园,受到众多大学生的喜欢。除了这项运动本身魅力的吸引以外(有人称之为聪明人的运动),在运动中提高球技、展现自己,这应该是绝大多数学生的主要愿望。乒乓球课上,学生学习进步可以做到以下方面:

(1)首先要明确学习目的,树立正确的体育学习动机,练习要认真刻苦,不要抱着玩球、应付考试的心态来学习。

(2)要做到"四勤",即勤思考——在课堂上认真听教师讲解技术要点、练习要求及方法,通过大脑思考理解,逐渐消化接受,并对照自己的技术掌握情况,学会自我改进修正,使技术水平不断提高。勤提问——对教师讲授中不理解和不清楚的地方,要主动提问,与老师或同学共同讨论探索,即提倡多提问题的学习风气。勤学习——注重课外学习,通过课外技术普及读物、网络媒体、电视等多种途径,了解掌握乒乓球有关技术原理和理论。学生具备了一定的理论基础知识,对提高乒乓球技能、理解技战术要求并指导实践大有裨益。勤练习——乒乓球运动技术含量高,技巧性强,技术较为细腻,所以要坚持经常性地练习,以保持手臂肌肉关节的敏感度,增强灵活性,执拍手才会运用自如，控制好球。尤其是学习掌握有一定难度技术的动作，待稍有体会时，一旦停下来，原先建立的动作技术定型就不易巩固，所以，需不断巩固加强练习，动作技术的正确动力定型才会牢固建立。

（3）要建立较为固定的体育学习人际圈子。乒乓球运动不是一个人能够孤立地完成的，需要练习者选择志趣相投的伙伴共同参与，这对于激起练习者兴趣，调节练习氛围，增添运动乐趣等方面都能起到重要作用。但在选择搭档圈子时需注意，待双方技术打法已互相熟悉和掌握时，若对方经常弱于自己，则应寻找新的伙伴，挑战自己，战胜对手。

（4）练习者要有特别的"耐心"和"用心"。初学者练习乒乓球，开始学习单个基本技术动作时，一个技术动作往往重复几十次上百次的挥拍，心中不免感到单调乏味，没有兴趣。这时，一定要有耐心坚持下去，通过变换练习内容、控制时间、交换练习伙伴等形式来调节改善一下。另外，练习中一定要克服玩球、随心所欲打球的坏毛病，这样下去容易出现错误动作，使击球动作变形，影响击球质量。所以，练习中要特别注意用心集中注意力，面对变化的来球，及时判断思考，并采取积极有效的方法提高击球质量。

第四节　乒乓球教学训练计划文件的制订

教学训练是一项系统、复杂、细致而且思想性很强的工作。为了避免工作中的盲目性和片面性，使其有成效地顺利进行，周密、严谨地预先制订符合实际并切实可行的计划是极其重要的。换言之，要想搞好一项工作，若没有预先计划准备是很难达到目的的。制订教学训练计划文件，是整个教学训练工作的重要组成部分，它能预示教学训练所要达到的目标，而且能使教学训练工作有条不紊地进行，做到教与学都心中有数。

正确地制订、执行和检查教学训练计划，可以不断地探索、认识乒乓球教学训练的规律，及时总结经验教训，增强科学性，提高教学训练质量。乒乓球教学训练计划文件虽多种多样，但根据培养目标及其所要完成的任务之不同，大致可划分为两种类型两大类：一是体育学院系统的；二是运动队系统的。

一、体育学院系统的乒乓球教学训练计划文件制订

体育学院系统的乒乓球教学训练计划文件主要有两种：一是普修课（教学课）的教学大纲和进度；二是专修课（教学训练课）的教学训练大纲和计划。

（一）乒乓球普修课教学大纲制定

1.乒乓球普修课教学大纲制定示例

（1）说明：第一，本大纲是根据学院教育计划培养目标的要求和课程的特点而制订的。第二，本大纲内容分为理论、技术和技能三部分。技术部分又分为主要内容、次要内容和介绍内容。要求学生必须掌握主要内容，体会次要内容和大致了解介绍内容。第三，本大纲是以直拍左推右攻打法的基本技术为其主要内容。一般情况下，都要求按大纲进行。但对打横板有相当基础的学生，可选与本大纲相应的横板技术进行安排。

（2）主要任务：第一，通过乒乓球教学，培养学生良好的道德品质和思想作风；第二，使学生初步掌握乒乓球运动的基本理论知识、基本技术、基本技能，并且有组织大、中学校或基层单位乒乓球竞赛的组织编排和裁判工作能力。

（3）考核。

1）考核内容：第一，理论部分：大纲规定的全部内容。第二，技术部分：正手快攻，反手推挡，反手搓球。第三，技能部分：临场裁判能力和组织教学能力（重点是示范、讲解、纠正动作错误、教法运用等）。

2）各项成绩比重：理论占20%，技术占60%，技能占20%（裁判、教学能力各占10%）。

3）考核方法：理论部分：采用笔试。技术部分：采用技评与达标相结合的方法。其中技评占60%；达标占40%。

达标要求。正手攻球、反手推挡、反手搓球各项连续打50板为100分（各项限打3个球，取其最高数），每少1板减2分。在连续击球过程中，球越出规定的区域（正手攻球右半台、反手推挡和搓球左半台）为失误。若陪测者（由教师担任或由教师指定技术好的同学担任）失误或击出擦网、擦边难于回接的球，则不算受测者失误，重新发球后连续累积计板数。

技评标准。按一般示范标准要求（包括动作外形、击球质量两个因素）具体评分标准为：优秀（100～90分）：动作比较熟练、完美，有一定的速度和力量，落点稳定，动作协调，节奏感强。良好（89～76分）：动作比较熟练、欠完美，有一定的速度和力量，落点较稳定，动作较协调。及格（75～60分）：动作不太熟练，欠完美，速度、力量较差，落点不太稳定、协调性一般。不及格（60分以下）：动作不熟练、不完整，缺乏速度、力量，落点不稳定，动作不协调。

技能部分。第一，临场裁判能力（结合教学比赛，有组织地进行）。评分标准：优秀（10～9分）：裁判姿势端正，规则熟练，手势和术语准确，处理问题合理，操作程序正确。良好（8.9～7.6分）：裁判姿势端正，规则熟练，手势和术语运用欠熟练，处理问题基本合理，操作程序基本正确。及格（7.5～6.0分）：裁判姿势端正，规则理解不全面，手势和术语不太准确、熟练，处理问题或操作程序错误较多。不及格（6分以下）：裁判姿势不正确，规则理解和临场处理有严重错误，手势和术语常出错误。第二，教学能力。随堂有计划地进行。每个学生受测的机会应基本均等，一般不少于4次，根据学生进步情况，最后综合评定。

（4）主要措施。

1）加强培养目标教育，根据课程特点做好深入细致的思想工作，使学生能自觉、刻苦、认真地学习，更好地完成学习任务。

2）严肃课堂纪律，重视作风建设，做到令行禁止。教育学生要团结友爱，互相帮助，互相学习，取长补短，共同提高。

3）认真备课，上好每堂课。教学小组要组织全组教师认真钻研教材，定期集体备课，经常交流教学经验，有计划地组织互相看课。

4）坚决贯彻"三基本"（基本理论、基本技术、基本技能）"六会"（会示范、会讲解、会纠正动作技术错误、会组织教学、会竞赛的组织编排、会裁判）的教学要求。课中要重视培养学生分析问题、解决问题的能力，经常进行课堂提问、技术分析、教法运用、教学比赛等活动，有计划地安排课外作业和有组织地指导学生进行临场裁判实习。

5）发扬教学民主，采用启发式教学，注意因材施教，区别对待。课后认真小结，经常征求学生意见，及时改进教学方法。对学习有困难的同学应加强课外辅导，对基础较好的同学，一方面要充分发挥他们"小先生"的作用；另一方面可适当增加一些补充教材，让他们在原有的基础上得到进一步的提高。

6）严格检查制度，认真做好考勤、考绩工作。认真制订考核办法和评分标准。加强考前的复习和辅导工作。

2.乒乓球普修课教学进度制定示例

乒乓球普修课教学进度制定示例，见表3-1。

表3-1 乒乓球普修课教学进度制定示例

课次	内容	备注
1	介绍大纲；乒乓球运动简介；常用术语	由教学组长统一
2	学习握拍法、准备姿势、基本站位；学习平击发球、平挡球	
3	学习快推、单步，复习平击发球、平挡球	
4	学习正手快攻；复习反手快推	
5	复习反手快推、正手快攻	
6	学习搓球、发、接下旋球；复习快推、快攻	
7	复习攻、推、搓；宣布考核办法和要求	
8	学习左推右攻、并步；复习攻、推、搓	
9	学习反手发急球；复习左推右攻、攻、推、搓	

续表

课次	内容	备注
10	学习跨步；复习左推右攻、攻、推、搓	
11	讲授击球动作壁构；击球的基本环节；乒乓球的弧线、速度、力量、旋转、落点	理论课，由任课教师上
12	学习推挡侧身攻、侧身步；复习攻、推、搓	
13	学习正手拉攻；复习推挡侧身攻、攻、推、搓	
14	学习中远台正手攻球；复习正手拉攻	
15	学习反手快攻；复习基本技术	以考试内容为主
16	学习反手加力推、减力挡；复习基本技术	
17	学习推挡—侧身攻—扑正手、交叉步；复习基本技术	
18	学习正手发转与不转球；复习基本技术	
19	学习反手发右侧上、下旋球；复习基本技术	同时结合学习接发球
20	学习正手发左侧上、下旋球；复习基本技术	同时结合学习接发球
21	总复习	
22	技术考试	教学小组统一组织
23、24	学习裁判规则、术语和手势、单打裁判法和单打裁判实习	组织教学比赛，学生轮流当裁判
25	学习双打和双打裁判法；双打裁判实习	组织双打比赛
26	学习男、女团体赛；女子团体赛实习	组织女子团体赛
27	男子团体赛实习	组织男子团体赛
28、29	竞赛方法及编排工作	教法作业课
30	组织单循环或单淘汰比赛	在教师的指导下由学生组织进行
31	介绍教材示范课	教学小组统一组织
32	理论考试	教学小组统一组织
33、34	机动	分班进行教学小结，组织技术补考

教学进度是根据教学大纲的内容和任务按课次作出具体安排的学期教学工作计划，它是课时计划（教案）的依据。教学进度安排得是否合理，在很大程度上将会影响教学工作的质量。在制定进度时，应注意下列问题：

（1）教材内容的安排，必须遵循由易到难、从简到繁的原则。如，平挡球—快推—加力推（减力挡）。

（2）一次课同时安排学习两类技术动作时，应考虑它们之间的相关因素。

如，搓球—发接下旋球；推挡—反手发急球；侧身攻—侧身步等。

（3）基本理论知识的讲授，尽量与有关的技术动作的性质和特点结合起来。这样可起到理论指导实际的作用，同时有利于加深学生的理解。

（4）注意教材的纵横关系，主、次教材的时间比例，新、旧（学习与复习）教材的有机联系等。

（二）乒乓球专修课教学训练大纲制定

1. 乒乓球专修课教学训练大纲制定示例

（1）说明。本大纲是根据学院体育系教育计划的规定和培养目标要求而制订的。从三年级第五学期开始，学习四个学期。根据乒乓球具有多种多样类型打法的特点，实践部分的教材内容以学生本身主体打法为主，非主体打法（副板）的基本技术为辅。对学生基本技能的培养，在整个教学训练工作过程中，有重点地安排到各学期中系统地贯彻实施。

（2）主要任务。第一，根据培养目标的要求和课程的特点，在教学训练过程中，培养学生忠于党的教育事业，全心全意为人民服务的思想；养成谦虚谨慎、努力钻研、刻苦锻炼、团结互助、遵守纪律的优良作风，使他们具备人民教师应有的品德，为我国体育运动的普及和提高作出贡献，奠定良好的思想基础。第二，较为全面地掌握乒乓球运动的基本理论；较好地了解和掌握乒乓球教学训练的基本规律，熟练地掌握个人主体打法的基本技术和战术，并具有一定的实战能力，正确地掌握非主体打法（副板）的主要基本技术。第三，使学生具有担任学校乒乓球代表队或业余体校乒乓球队的训练工作能力以及开展基层单位乒乓球组织竞赛和裁判工作的能力。

（3）内容纲要，以理论部分为例。

乒乓球运动概述：世界乒乓球运动发展概况；我国乒乓球运动发展概况。乒乓球运动的基本理论知识：乒乓球运动的基本知识；乒乓球运动的技术原理；乒乓球击球动作结构和基本环节。

乒乓球运动的基本技术：站位与基本姿势；基本步法；发球与接发球技术；

推挡技术；攻球技术；搓球技术；削球技术；弧圈球技术；基本动作技术分析示例。

乒乓球运动的战术：制订乒乓球战术的原则；乒乓球的基本战术。

乒乓球运动的双打：双打的竞赛方法；双打的配合；双打的练习方法。

乒乓球运动的教学：乒乓球运动的教学特点；乒乓球运动的教学原则。乒乓球运动的教学组织方法与步骤；观察分析技术和纠正错误动作；关于提高教学质量；乒乓球运动教学文件的制订。

乒乓球运动的训练：乒乓球运动的训练原则；乒乓球运动的基本功训练；技术、战术训练；身体训练；心理训练；多球训练；训练计划的制订与实施。

乒乓球教练员的主要工作：选材与组队；教练员在训练期的主要工作；教练员在比赛期的主要工作。

乒乓球运动的科学研究工作：乒乓球运动的科研工作的形式；乒乓球运动的科研工作的方法；乒乓球运动科研工作的步骤；乒乓球运动科研工作示例。

乒乓球运动竞赛的规则和裁判方法：竞赛规则；临场裁判方法；术语和手势；场地器材设备。

乒乓球运动竞赛的组织与编排：乒乓球比赛的基本方法；种子和轮空；编排工作的内容和程序。

（4）考核工作。考核内容的确定，必须从培养目标的需要出发，能全面地反映本课程所规定的各项教学任务。考核标准的确定，必须以本课程教学任务所提出的要求为客观依据，不应根据学生的原有基础任意降低或提高考核标准。考核方式的确定，应有利于客观地反映学生完成本课程教学任务的真实情况。

考核办法及有关规定：第一，学生缺课 1/3 以上者，需经补课后方能参加考核。第二，技术考核的时间安排：个人主体打法的单项技术考核，在第五学期进行；结合技术在第六学期；副板在第七学期。第三，理论考核一律采用笔试，考核该学期讲的全部内容。第四，技能考核，根据教学进度，在日常教学训练过程中，随堂进行。由任课教师负责组织与实施。第五，各学期各项考核成绩的总和为本课程的总成绩。

（5）主要措施。

1）抓紧抓好培养目标教育，一抓到底。不仅要从思想上提高认识，还要在日常教学训练工作中贯彻。教育学生遵守学生守则及校园规章制度，讲究文明礼貌。鼓励学生在政治上积极要求进步。加强作风培养，关心学生全面发展，把队伍建设成为一个团结战斗的集体。

2）要尊师爱生。教育学生要尊敬老师和长辈，同学之间应互相关心、互相爱护、互相帮助。严于律己，宽以待人，取人之长，补己之短。做老实人，说老实话，做老实事。正确地开展批评与自我批评，教师要为人师表，以身作则，成为学生的榜样。

3）发扬教学民主，发挥教与学两个积极性。严格执行教学训练计划，每学期初向学生宣布教学训练计划，认真讨论，付诸实施，自觉、圆满地完成计划中规定的各项任务。期末进行总结，发扬成绩，找出差距，不断提高教学训练质量。

4）认真贯彻"三基本""六会"的教学要求，按照红、群、严、苦、巧、安的方向，有计划、有步骤地全面提高学生的业务水平。理论课要讲细讲透，要联系实际，加强复习、讨论、辅导、检查，使学生真正理解、掌握并能运用它指导自己的实践。安排、组织、指导好学生在校内专项教学训练见习和实习工作，吸取教师的先进经验，提高自己的组织教学训练工作能力。争取一切机会使学生多做临场裁判和竞赛的组织编排工作。要求学生认真写好教学训练日记，教师则要认真批改，互通情况，沟通思想，及时总结经验教训，改进教学训练方法。有计划地向学生介绍乒乓球科技动态，以扩大专业知识面。

2.乒乓球专修课教学训练计划制订示例

（1）说明。本计划是根据学院教育计划和乒乓球专项选修课教学训练大纲的总任务、总要求、总安排和队员的思想、技术、素质等实际情况而制订的。全体队员都经过专业或业余的训练，打法已形成，技术水平比较相近，有一定的基础和实战能力。通过两年非专项普修课（田径、体操、举重等）的学习，在速度、力量、耐力、柔韧、灵活性等一般身体素质方面已奠定一定的基础。

（2）主要任务。第一，端正学习态度，明确学习目的。培养学生遵守纪律，虚心好学，刻苦训练，严格要求的品质。争当三好生，努力创造先进班的条件，为把我队建设成团结战斗的集体而努力奋斗。第二，提高主体打法主要技术的质量；掌握乒乓球基本技术的教学方法；学习和运用基本理论知识；学会临场裁判的方法；学会队列口令和徒手体操正确姿势，改善专项身体素质。第三，建立正常的教学秩序和亲密、团结、友爱的师生关系、同学之间的关系和队与队之间的关系。

（3）考核办法。理论：采用笔试。技术：采用技评与达标相结合的方法。正手攻球、推挡、快拨、搓球连续打30板以上；弧圈球、反手攻球连续打10板以上为合格（每项限打三个球）。各项技术达到以上板数要求的前提下，分别评定各项技术质量分。若某项动作未达到合格的板数，则该项动作技术评定的最高分为80分。

技术评定标准：优秀（100～90分）：动作熟练、完美，有速度、力量，落点稳定，动作协调，节奏感强。良好（89～76）：动作熟练，欠完美，有速度、力量，落点较稳定，动作较协调，节奏较好。及格（75～60分）：动作较熟练，欠完美，有一定的速度、力量，落点不太稳定，动作的协调性、节奏感一般。不及格（60分以下）：动作不熟练、不完整，缺乏速度、力量，落点不稳定。

技能：组织队内单循环比赛，进行临场裁判实习。根据学生在操作过程中运用术语、手势、处理问题等能力，评定成绩（评定成绩的标准和要求同教学课）。

（4）主要措施。

1）开学初组织学生讨论教学训练大纲和计划，统一认识，明确任务，端正态度。

2）在日常教学训练工作中，贯彻培养目标教育，教育学生要摆好个人利益与国家利益的关系以及专修与普修的关系。启发和引导学生发扬刻苦学习的精神，合理安排时间和科学的学习方法，为胜利完成本学期的任务而努力。

3）发扬教学民主，取人之长，补己之短，教学相长。有计划、有步骤地贯彻"三基本""六会"的教学要求，特别要重视教学技能的培养。不仅要使学生掌握大纲内容，更主要的是使他们在实践中会运用。通过课堂讨论、提问、作业、技术分析、教法研究、学术活动、实际操作、测验等途径和方法来加深所学知识的理解和检查学生是否掌握了真正的本领，做到师生心中都有数，确保教学质量。

4）努力钻研教材，认真备课，上好每堂课，力求在课中解决问题。及时征求学生的意见，不断改进教学训练方法。启发学生"多思"，培养理论联系实际的作风，在学术问题上，敢于发表自己的独立见解，打造生动活泼的局面和气氛。

5）加强考勤、考绩制度，加强计划性。各项任务均要订出相应的切实可行的计划和措施，确保工作顺利完成。课后认真做好小结，批改好教学训练日记。每月召开一次队会，表扬好人好事，交流学习经验和心得体会，开展批评和自我批评，检查不足，及时纠正。期末进行总结，宣布评语和成绩。

二、运动队系统的乒乓球教学训练计划文件制订

培养优秀的乒乓球运动员，必须进行全面的和系统的训练。周密合理的训练计划和运动量的科学安排，对全面发展运动员的身体素质，迅速提高运动技术水平，创造优异成绩以及延长运动寿命，起着极为重要的作用。根据竞赛制度和训练任务的不同，乒乓球运动训练计划基本上可分为长期的训练计划和短期的训练计划两种。

训练计划要订得好，必须抓住主要问题：第一，各个时期的训练目的和任务要明确；第二，要有实现训练任务的措施和方法；第三，要科学合理地安排好运动量；第四，要掌握和解决好关键问题与一般问题的比例，注意它们之间

的相互转化。

（一）乒乓球长期训练计划制订

长期训练计划通常是指以每年一届的全国乒乓球锦标赛为目标的全年训练计划。当然也还有 2 年以上的多年训练规划。在制订长期训练计划时应考虑下列要点：

（1）明确目的。运动队的长期训练计划主要是以一年一届的全国性比赛为目标，通过较长时间的、比较系统的训练，使运动员在身体技术、战术等方面都得到迅速的提高，以最佳的竞技状态参加比赛，创造优良的成绩。少年运动员的长期训练计划，则必须通过多年、全面、系统的训练，在身体素质和基本技术得到全面发展的基础上，逐步建立个人的技术风格和打法特点，为将来创造优异的成绩奠定良好的基础。

（2）指标要求。根据本队运动员的思想、技术、身体水平，参考国内外的技术发展情况，估计将来可能达到的水平，制订出一个具体的指标，或提出一个明确的进度，用以激励运动员勇攀高峰，力争上游，奋发图强，不断前进。指标一般有下列三种：

1）全队指标：在全国比赛中争取几项优胜（如获得若干项冠军或前几名或战胜几个原来比自己强的队等）。

2）个人指标：在全国比赛中，在各单项上争取几项优胜（如获得若干项冠军或前几名或在名次上争取和超过某些原来比自己强的选手等）。

3）技术和素质指标：即在提高主要技术和身体素质方面的具体指标。在计划完成时，通过测验或统计与初期的情况做比较，来观察技术和身体素质进步情况。在制订具体指标时，必须从运动员的实际情况出发，通过充分的酝酿和讨论，然后再确定下来。要尽可能防止指标偏高或偏低所造成的不良影响。

（3）训练内容。从运动员的思想、技术、战术、身体等方面的实际情况出发，先有一个概括的分析，它主要是根据现有的水平或上一届全国比赛的总结基础上提出来的。在这个分析中，既要肯定过去所取得的成绩，又要指出当前存在的主要问题和薄弱环节，结合乒乓球技术发展的形势，提出今后在技术、战术、身体、意志等方面需要解决或提高的问题，作为安排训练内容的主要依据，并根据全队各种打法，分别提出不同的要求。使运动员明确今后的努力方向，为争取进一步的提高和发展而积极训练。

（4）划分周期，安排好各种训练比例和运动量。由于长期计划的训练时间比较长，所以，在全年训练中，根据需要可把它分为3～4个周期（每1个周期的时间，一般为3～4个月），以便在不同的周期内，有计划、有步骤地去解决和提高技术、战术、身体等方面的关键问题。在1个周期内，一般又划分为训练期、比赛期和休整期。

每一周期的训练内容，都应根据全年训练计划的任务、要求、时间、比例等逐一落实。为了按计划、有步骤、有重点地提高运动员的身体素质、技术水平、战术素养，在1个训练周期内，又可以把它划分为若干个阶段（一般训练期可划为2～3个阶段；比赛期为1个阶段；休整期为1个阶段）来进行工作。至于每一阶段的时间安排，主要是根据训练任务来确定。

在安排阶段训练计划时，还要编制每周训练的课程表，把阶段训练的任务、要求、各种训练比例、训练量的安排等，具体落实到每天的训练课上。总之，每个训练周期既有各自的侧重点，又是相互衔接、紧密联系的有机整体。只有这样，才能使运动员通过长期系统的训练后，在技术、战术、身体、意志各方面得到全面的提高，从而为创造优异的成绩奠定基础。

为了更好地贯彻身体、技术、战术训练三结合的原则，在制订长期训练计划时，应根据训练任务、要求以及运动员的身体基础、技术水平和训练年限等条件，全面地考虑技术、战术、身体三者合适的训练比例。这些比例应在周期训练计划和阶段训练计划中具体落实。根据运动实践经验，对于训练年限较长，已具有相当水平的运动员，比例较好的情况有：技术训练与身体训练的比例：70%比30%或75%比25%；基本技术训练与战术训练的比例：60%比40%或55%比45%；单打训练与双打训练的比例：85%比

15%或80%比20%。一般身体训练与专项身体训练的比例：50%比50%或40%比60%。

一般而言，无论是全年计划或周期计划，身体训练经常在训练开始时比例较大，越到后期，越临近比赛比例越小；基本技术训练经常在训练开始时只属中等，而在中间比例最大，到后来再降为中等战术训练和双打训练，开始时比例最小（或者暂不安排双打练习），越到后期越临近比赛比例越大。

（5）训练措施。训练措施系指为了保证训练计划顺利完成所采取的各种措施和办法，包括：第一，加强组织领导，调整队伍。加强政治思想工作，明确训练目的。抓好队伍的作风建设，培养敢打敢拼的顽强意志和胜不骄、败不馁的品质。第二，重视后备力量的培养，加强二线队员的训练。第三，开展群众性技术革新运动，加强业务学习，定期组织经验交流会。第四，贯彻执行统一安排与区别对待相结合的训练原则，加强对主力队员训练方法的研究，合理采用男帮女的训练手段。加强双打训练，认真研究配对和训练方法。第五，根据阶段计划，制订好每周的课程进度（周计划），合理地安排好运动量。第六，帮助队员订好个人训练计划，上交一份给教练员，在训练过程中，教练员应经常检查运动员个人计划执行情况。要求队员必须写好训练日记，教练员则必须认真批阅，及时了解情况，解决问题。第七，加强生活管理，搞好医务监督，严防伤害事故的发生。

（二）乒乓球短期训练计划制订

短期训练计划是为了迎接某一特定的竞赛任务而制订的。其目的主要是通过较短时间的训练，使运动的技术、战术、身体素质在原来的基础上得到一定的提高，以利于在即将进行的比赛中，争取较好的成绩。制订短期训练计划的步骤、方法和内容安排，基本上与制订长期训练计划相同，但应注意下列方面：

（1）在短期训练计划中，应有明确的要求，并制订相应的目标。但必须从实际出发，通过运动员短期的努力有可能实现。不能要求过高，以免影响运动员的积极性。

（2）短期计划的训练时间，一般是 2~3 个月左右，在这个时间里，可分为 2~3 个阶段。训练的中心任务应着重解决技术和战术上的主要问题。根据运动员不同的打法特点，以发扬个人技术，战术特长为主，弥补不足为辅，以利于较好地完成比赛任务。

（3）由于时间比较短，因而照顾技术训练方面要多一些，身体训练时间相应少一些，两者的比例一般是技术训练占 80% 左右，身体训练占 20% 左右（若训练时间很短，则身体训练的时间比例更要小一些）。在技术训练与战术训练的比例上，也要相应有所变化，战术训练（包括综合性战术训练和比赛常会安排多一些。两者的比例，一般是战术训练占 60% 左右，技术训练占 40% 左右。如果训练时间很短，则战术训练的比例还要多一些，以利于运动员在较短的时间内进入竞技状态。若比赛安排双打项目，尽管训练时间短，也应安排一定的比例进行训练，比例的大小要根据这些项目可能取得的成绩而定。

（4）无论各种训练比例如何变化，在具体安排方法上，仍应与长期训练计划基本相同。即不管身体训练的比例怎么小，都应按照由大到小的顺序去安排，特别是在训练的开始阶段，应先抓好身体训练以增强体质，为以后加大运动量奠定基础。技术训练仍应按中、大、中的顺序，利用中段时间抓好主要技术，为以后战术训练准备条件。战术训练和双打训练也应按照由小到大的顺序去安排，以便在进入比赛期的时候，运动员具有良好的竞技状态。

（5）短期计划的比赛安排，不仅在进入训练后段要组织各种各样的比赛，而且在训练前段的末期或者在中段的训练过程中，都应注意每周举行一次队内比赛，或每两周进行一次对外展开比赛，不断提高运动员的实战水平。

（6）短期计划的业务学习，应根据即将进行的比赛特点，除有一定时间去讨论有关技术问题外，要着重分析比赛的形势，针对未来对手的特点，研究战术，提出相应的对策和作战方案等。以加强运动员的战术意识和作战能力。

（7）短期计划中的个人计划，应根据各阶段的主要任务，在分别对待的时间内，有重点地解决个人技术上存在的一些问题。一般是在训练开始阶段着重弥补个人技术上的不足，在训练中段，则着重提高个人技术上的特长，而在训练的最后阶段则应加强特长战术的训练，使之成为作战的主要手段。

第四章

乒乓球运动基本技术教学

第一节 乒乓球步法与手法教学

一、乒乓球步法教学

（一）步法的教学特点

步法指击球员为选择合适的击球位置所采用的脚步移动方法。步法是运动的基础。步法的特点是：起动快、移动快、频率快。

比赛中来球的落点不断变化，正确的步法能使自己移动到合适的击球位置。没有灵活的步法是不能适应训练和比赛需要的，相对而言，也会影响技术水平的提高。

（二）步法的教学分类

步法教学的分类：从移动范围来看有大、中、小三种不同范围；从移动方向来看，有向前、向后、向左、向右、斜前方、斜后方等不同移动方向；从移动方法而言，有单脚、双脚、交叉移动；从移动形式来看，有平动、滑动、跳动等。其种类有以下方面：跳步、单步、跨步、并步、交叉步、侧身步、小碎步等。

1. 跳步

（1）小跳步。亦可称作小垫步。两脚的前脚掌几乎同时上下轻轻跳一下或踮一下，有时两脚是不离开地面的。一般用于还原身体重心或脚距，调节击球的姿势。优秀的运动员在发球后，常用小跳步进行还原。伺机进行抢攻。否则身体重心压在右脚上或侧向球台，很难起动结合下一板击球。又如削球选手，每削完一板球后经常采用小跳步还原，从而加快了步法移动速度。在运用小跳步时，应注意上下跳动的幅度不宜过大，否则延误时间，对还击下一板球不利。

（2）大跳步。在来球较快、角度较大时采用。即来球异方向的一脚前脚掌内侧用力蹬地，使两脚离开地面同时向前、后、左、右方向跳动，蹬地脚先着地。在做跳步时，通常是依靠膝关节和踝关节的缓冲来减少重心的上下起伏。

2. 单步

在来球距击球员身体一步以内的较小范围、角度不大的情况下采用，其动作要点是：以一脚前脚掌内侧蹬地用力，并以此前脚掌为轴稍转动；另一脚向来球方向做前、后、左、右移动一步。在还击追身球或近网短球时常采用此种步法。在做单步移动时，身体重心必须向击球方向移动，并应注意立即用移动脚的前脚掌内侧用力蹬地还原，保持准备姿势。

3. 跨步

在来球距击球员身体一大步的范围时采用。跨步步法优点是移动速度快，便于还原。直拍左推右攻打法选手在还击正手位大角度来球时用此步法较多。削球选手在中台接突击球时，也往往采用此步法。跨步动作要点是：来球方向的异侧脚前脚掌内侧用力蹬地，同侧脚向来球方向侧跨一大步。同时，脚尖应转向来球方向，并用前脚掌内侧蹬地制动起缓冲作用；异侧脚再迅速跟上。球一离拍，应迅速还原成准备姿势。

4. 并步

并步（亦称滑步或换步），当来球距击球者身体一步以上而移动幅度又不大时采用。此步法没有腾空动作，它的优点是移动后，能保持身体的平衡和稳定的击球姿势，便于发力和连续进攻。并步是削球打法选手常用步法，欧洲横拍快攻结合弧圈型选手采用最多。近台左推右攻选手从左至右正手攻时，也采用此步法。并步动作要点是：移动时，先以来球异方向的脚用力蹬地迅速向同侧脚并拢；来球方向的脚用前脚掌内侧用力蹬地，向来球方向滑一步，两脚几乎同时着地。第一步小；第二步大，呈准备姿势。由于并步是由两步组成的，故要求两脚移动的速度要快捷。

5. 交叉步

交叉步有正交叉步和反交叉步两种。当来球离身体较远时，击球员多用此种速度快、稳健性好、移动范围大的交叉步移动方法。从反手位向正手位一侧移动，叫正交叉步；从正手位向反手位一侧移动，叫反交叉步。

（1）正交叉步。当右方来球做正手攻时，左膝关节内旋、右膝关节外旋使脚尖向右，同时转腰将身体重心移至右脚，右脚蹬地。左脚越过右脚跨向正手位，在左脚未落地时，腾空引拍击球，此时两脚呈交叉状态。球击出后，身体向左转面向球台。左脚随膝关节外旋先落地，右脚随膝关节内旋顺势落在左脚的右前方。

（2）反交叉步。当左方来球由左向右移动时，右膝关节外旋，右脚越过左脚跨向反手位，腰随着向左转动，右脚未落地时，腾空引拍击球，此时呈右脚在前左脚在后的交叉状态。右脚着地后，用前脚掌外侧蹬地制动，右膝关节用力外旋，左膝关节内旋，身体向右转面向球台。可用反手攻或反手削球等技术动作击球，球击出后左脚落在右脚的左前方。

正交叉步常用于直拍攻击型选手在推、搓、侧身攻后，扑正手时大范围的发力攻、拉。20世纪90年代乒乓球技术向积极主动、凶狠方向发展，"抢、争、夺"的意识更加强烈。以瓦尔德内尔为代表的欧洲选手开创了以侧身正手接发球的先河，是接发球技术的创新。他们加大了侧身正手晃接、挑、拉手段，正交叉步也被横拍选手所采用。反交叉步亦常用于攻击型选手从正手位移向反手位一侧的反手攻。削球选手削反手位大角度球时也常用此种步伐。

6. 侧身步

当来球逼近击球员身体或者来球至击球员反手位时，击球员采用侧身正手进攻的步伐。侧身攻时，根据来球距击球员身体远近距离，可采用单步侧身、并步侧身、跨步或向后反交叉步侧身。

（1）单步侧身。右脚向左脚后方跨一步后侧身击球。例如中路侧身攻球，常打直线可起到偷袭作用。

（2）并步侧身。右脚先向左脚靠一步，左脚再向左跨一步。侧身拉弧圈球时常采用此步伐。

（3）跨步侧身（小侧身）。左脚向左侧跨一步，右脚随即跟上击球。平常称为"小侧身"。其优点是快速简便，但跑动范围小。例如侧身快带弧圈球时用此步法。

（4）向后反交叉步侧身（大侧身）。当来球离击球员身体较远或击球员主动进攻时采用。

其动作方法有两种：一是右脚先蹬地移至左脚的后面，左脚再蹬地向左侧跨一步；二是在右脚尚未落地时，左脚向左侧跳，右脚、左脚依次先后落地。同时，腰、髋关节配合向右后方转动让位。

快攻型或弧圈型打法选手用此步法侧身后，发力抢攻或抢冲。其优点是侧身范围大、侧得开，侧身后便于保持基本姿势。

7. 小碎步

小碎步即向前、后、左、右高频率的小跑步。小碎步是连接以上几种步法的组合步。这一步法虽然简单，但每一次击球时均能使用到它。小碎步起着调节身体重心、调节击球位置、时间、力量的作用；有利于起动快、发力大、击球准确等内涵的作用。此外，小碎步对各种技术动作、战术运用，它都起着承上启下、调节、衔接的积极作用。

（三）步法的教学方法

1. 步法的练习步骤

（1）单个步法或组合步法的徒手模仿练习。挥拍做单个步法、挥拍做跳步结合侧身步、并步结合侧身步、侧身步结合交叉步和并步，等等。

（2）看教师手势，练习者快速变换前、后、左、右移动。要求重心保持在同一水平面上。

（3）采用多球训练法。一组球的单个步法或多种步法组合练习。可逐渐加大供球速度和难度。

（4）规定步法的次数或组数练习；或规定时间的步法练习。

（5）步法与手臂摆速结合练习。如手摸球台端线（1.525米）两角。采用并步或跳步进行规定时间或规定次数的练习。每次练习后应作数据记录，以便对照。

（6）步法和手臂摆速结合教学比赛。如4张球台，4名学生分别站于每张球台边线（2.74米）一端。教师发令开始后，练习者采用并步、交叉步或小跑步、并步结合跨步等步法移动，用一只手或两只手分别触摸边线两端。可规定一定的次数计算时间，或规定一定的时间计算移动的次数，看哪张球台练习者所用的时间最短，或者移动的次数最多。

（7）加强腿部力量练习，提高爆发力。可采用蛙跳、蹬跨、单足起、杠铃蹲起等练习。

（8）观看优秀运动员技、战术录像。观看步法移动时重心的位置、重心的移动、步法的衔接与运用。

（9）步法与手法综合练习。分别做小碎步、跳步、并步、跨步、交叉步、侧身步的徒手推、搓、攻的动作练习。如推挡（或快拨）中正手跨步攻球、推挡中侧身攻后扑正手、反手搓中侧身拉、左推右攻（并步移动）小碎步移动后跨步攻台内球、小碎步向后移动正手中远台攻球，等等。

2. 步法的易犯错误及纠正方法

（1）单步移动时，蹬地脚前脚掌无蹬旋动作，身体不稳定。纠正方法：要求用前脚掌内侧蹬地并随击球动作转动，保持身体的重心随挥拍动作向前移。

（2）并步移动时，来球方向的异侧脚蹬地后未及时向另一脚先并一小步。纠正方法：提醒初学者牢记向右并步时，左脚先动；向左并步时，右脚先动的顺序。

（3）跨步时，蹬地一脚用力不够，蹬跨步幅小，速度慢。纠正方法：一是腿部力量小，致使蹬踏无力，应加强腿部力量训练；二是不会用力，应强调运用前脚掌内侧蹬地；三是缺乏用力蹬地的意识，应随时加强用力蹬地与重心交换、位置移动、腰髋和下肢协调配合的意识教育。

（4）侧身步时，让不开身。纠正方法：提醒练习者蹬地脚的前脚掌应在蹬地的同时立即转动，才能转体让位。

（5）交叉步时，过早伸手没转腰击球。无法发力和迅速还原。纠正方法：提醒练习者自我暗示"转腰击球""先动脚后出手"。

（6）交叉步时，扑正手攻易向右后方跑动，延误还击时机。纠正方法：要求练习者在上升期或高点期击球；或者专练正手位大角度短球，强化向右前方跑动的意识。

（7）两腿直立，肌肉僵硬，重心过高；或两脚分开过大，重心太低，无法用力蹬地。纠正方法：要求练习者放松股四头肌、小腿三头肌等肌群，两脚间距略宽于肩。做原地的踝、膝屈伸运动，体会向前、向上的蹬踏用力方法。

二、乒乓球手法教学——握拍法

（一）握拍法的教学特点

握拍法指运动员手握乒乓球拍的方法。有直拍握法和横拍握法两种。选用何种握法，因人而异。可根据个人的身体条件、兴趣爱好、技术特点选择一种适合的握拍法。

正确的握拍法对调整击球时的引拍位置、拍形角度、拍面方向、发力方向等有重要作用。它与掌握乒乓球基本技术和提高乒乓球技巧有密切关系。由于有直握球拍和横握球拍两种不同方法，便形成了直握拍和横握拍两种不同打法。至于哪种打法更先进，世界乒坛之争一直没有结果。20世纪50年代以前世界冠军几乎为欧洲横拍握法选手夺得，当时认为横握球拍打法先进；20世纪60年代中国、日本直拍进攻型打法崛起并击败欧洲，多次夺得世乒赛各项男、女团体和男、女单项冠军，世界乒坛的舆论又倒向直拍打法是最先进的一边。甚至一些世界级的优秀选手，如南斯拉夫的卡列尼茨（是该队三大主力之一），弃横拍握法与打法改学中国式的直握拍及打法。

进入20世纪70年代，欧洲选手汲取中国近台快攻和日本弧圈球技术，形成了横拍快攻结合弧圈新打法。至此，横、直拍打法哪个先进的争论暂时平息。

20世纪80年代，由于中国以直拍快攻打法为主的选手在1981年第36届世乒赛中一举夺得全部7项冠军，直握拍的优势地位仍然保持。在20世纪80年代中后期，因欧洲选手正、反手弧圈的增强，我国选手反手位弱点暴露，直握拍打法出现了"危机"，为此创新了"直拍横打"技术。1992年在成都的中国乒乓球公开赛上，刘国梁以此新技术战胜瓦尔德内尔。1995年在第43届世乒赛上，男子单打荣获亚军。在1996年第26届奥运会上，刘国梁夺得男子单打、男子双打两项冠军。再一次证明哪种握拍先进、哪种打法先进，是与技术是否先进和运动员本身的条件是否优秀相关。

（二）握拍法的教学动作

1. 直拍握法

直拍握法主要分为以下方面：

（1）钳式握法。钳式握法根据拇指和食指间距离大小，分为大钳式、中钳式、小钳式三种握法。采用中钳式较为合理。

大钳式握法：拇指和食指间距离大于一指宽以上。因影响手指手腕灵活性，此握法已少见。

中钳式握法：拇指、食指自然弯曲，以拇指第一关节和食指第二关节压住球拍的两肩，两指间距适中。拍后，中指、无名指、小指自然弯曲斜形重叠，以中指第一关节偏左侧部托于球拍背面上 1/3 处；或中指、无名指微屈，同时压住拍面。

小钳式握法：拇指和食指间距离小于一指宽，往往贴近连在一起。此握法虽利于正、反攻球，但不利于发力。

（2）食指扣拍式握法。球拍的拍身大多为长方形，在拍柄部位有一较高的软木垫，便于扣拍。因日本和朝鲜选手使用此种球拍较早较多，亦称"日式"球拍。其握法是拇指紧贴在拍柄的左侧，食指扣住拍柄，形成一个小环状，紧握拍柄。中指、无名指、小指自然弯曲顶在球拍的背部约 1/3 处。

（3）削球式握法。直拍削球打法因其技术难度大，其握拍方法是拇指和其余四指分开握球拍的两面。拇指弯曲紧贴拍柄的侧肩部，食指、中指、无名指和小指托住球拍的背面。削球式握法在正手削球时，引拍至肩高，为减少来球冲力，拍形垂直或稍后仰，击球后尽量使球拍后仰；反手削球时，拍后四指灵活地把球拍"兜"起，使拍柄向下压住来球。

2. 横拍握法

横拍握法因个人的习惯、特点不同，分深握和浅握两种。因手指动作相似，均称"八字"式握法。

横拍握拍方法是虎口压住球拍右上肩，拇指和食指自然弯曲分别握在拍身前、后两面。中指、无名指、小指弯曲握住拍柄。

横拍握法适用于快攻型或弧圈型打法。正手攻球时，食指在拍身背面应稍向上移位。反手攻球时，拇指稍向上移位，便于固定拍形，易于发力击球。

横拍握法优点：拍柄延伸距离长，左右照顾范围大；反手进攻时，因拍形固定且不受身体阻挡，易于发力；另外，攻球和削球时手法变化不大，易于从进攻转为防守，又由相持转入进攻。

横拍握法缺点：因拍形比较固定，手腕不太灵活，还击台内短球难度增大；

正、反手攻球时，左右转动拍面击球，手臂做内旋和外旋动作幅度大，故挥拍摆速慢。

（三）握拍法的教学方法

（1）练习步骤。①徒手模仿练习。教师检查初学者握拍时各手指位置及用力情况。②两人一组做若干次正、反手平挡球或正手攻球后，互相检查、纠正握拍动作。③观看优秀选手握拍技术录像。

（2）易犯错误及纠正方法。①握拍手指关节僵硬、不灵活。纠正方法：采用"本体感觉"方法，即教师示范正确握法，要求初学者用手触摸教师执拍手各部位的关节，体会肌肉屈伸、收缩放松程度，进行正、误对比。②忽视用手指侧面压拍动作，影响击球力量和拍面转动灵活性。纠正方法：采用"手把手"教学手段，检查、纠正练习者的手指动作。强调击球时手指的偏侧部用力，要求各关节的灵活配合。③直握拍者中指、无名指、小指分开顶板，使反手位击球时摆速慢。纠正方法：此握法虽便于正手进攻与发力，但影响反手位击球。应反复强调正确的握法对技术全面发展的作用，不可偏废一方。

第二节　乒乓球球法教学

一、发球与接发球教学

发球与接发球是乒乓球的重要基本技术，两者是互相推动向前发展的。发球技术的提高能促进接发球技术的提高，接发球技术提高了，又促使发球技术的再提高。

（一）发球教学

乒乓球比赛时，发球是力争主动、先发制人的第一个环节。比赛中发球能否得分，能否打开局面获得优势同发球技术好坏有密切关系。因此，发球时，要求出手快，要能用相似的手法发出不同旋转、不同落点和不同速度的球。发球后要积极抢攻，抢拉。抢攻好又可以使发球有更大的威胁，从而打乱对方的战术意图，掌握主动权。所以发球技术好，不但可以直接得分，还可以为进攻创造机会，争取胜利。发球主要是由抛球和挥拍击球两个动作组成的。抛球是前提，击球部位和挥拍方向是决定发球性质的关键，用力大小和第一落点的远近是发球变化的条件。

1.发球的教学动作

（1）平击发球。

特点：平击发球一般不带旋转，它是初学者最基本的发球方法，也是掌握其他复杂发球的基础。

动作方法：正手发球，左脚在前，身体稍向右转。左手掌心托球，置于身体右侧，右手持拍也置于身体右侧。发球开始时，持球手将球向上抛起，同时右臂稍向后引拍，在球略高于网时，持拍手从身体右后方向前挥拍，拍形稍前倾，击球的中上部。击球后，前臂和手腕继续随势向前挥动，身体重心移至前脚。击出的球先落在本方台面，弹起后再落到对方台面。

反手发球，右脚在前，球向上抛起后，右手持拍是从身体左后方向前挥动，拍形稍前倾，击球中上部。

（2）反手发急球。

特点：球速快，弧线低，前冲力大。以攻为主的运动员用这种发球易发挥速度上的优势，迫使削球运动员后退接球，利于加强攻势。

动作方法：反手发急球，右脚稍前，持拍手位于身前。在持球手将球轻轻向上抛起的同时，持拍手向左后方引拍，拍形稍前倾，用前臂和手腕发力，击球中上部，击球点应与网同高或比网稍低，第一落点靠近本台端线。

发弹击式急球时，把球向上抛起后，持拍手微向后上方引拍。击球时比反手发急球用的手腕弹击力量更大一些，主要靠手腕发力，因此比前一种发球难度大。反手发急下旋球与发急球动作上的区别，在于球拍必须略为后仰，增大拇指压拍的力量，使拍触球的中下部，前臂在向前、向右挥动的同时，必须附加向下的力量，使球达到越网的必要高度，否则球的着台点就会接近中区，而使发球失误。

（3）反手发右侧上（下）旋球。

特点：右侧上（下）旋转力强，对方挡球后，向其左侧上（下）反弹。

动作方法：反手发右侧上旋球，右脚稍前，持拍手位于身前，持球手位于身体左侧。发球时，拍与球接触的刹那间，前臂带动手腕，用力向右下方挥动，同时前臂略向内旋，拇指压拍，使拍面逐渐向左倾斜，从球的正中部向右上方摩擦，球的第一落点靠近端线约20厘米处，越网落到对方的左角。

反手发右侧下旋球与发右侧上旋球动作上的区别在于触球的一刹那，拍面略微后仰，拍从球的中下部向右侧下摩擦，球从本方台面弹起后，越网落到对方左角。

（4）正手发奔球。

特点：球速急，落点长，冲力大，球的飞行弧线向左偏斜。从右角发斜线能发出角度较大的球，使对方回球困难，能迫使削球运动员后退接球。

动作方法：将球抛起后，持拍手向后引拍，前臂放松，使球拍顺势下降，好像把球拍在体侧做一次向后的小绕环动作。当球降到约与网同高时，手臂迅速向左前方挥动，拇指压拍，拍面略向左偏斜。拍触球的刹那间，手腕向左上方抖动，使拍从球的右侧向右侧上摩擦，球的第一落点靠近端线20厘米处，越网落到对方右角。

（5）正手发左侧上（下）旋球。

特点：球速一般不很急，左侧上（下）旋转力较强，对方挡球后，向其右侧上（下）反弹。

动作方法：发左侧上旋球，左脚在前。抛球时，持拍手向右上方引拍，手腕略向外展；球回落时，手臂迅速向左下方挥动，食指压拍，拍面略向左偏斜约与网等高时击球，前臂和手腕用力向左挥动，同时前臂略向外旋，使拍从球的正中部向左侧上摩擦，球的第一落点靠近端线约20厘米处，越网落到对方左角。

发左侧下旋球与发左侧上旋球动作上的区别，是手臂应从右后上方向前下挥动，使拍从球的中下部向左侧下摩擦，拍触球的刹那间，前臂略向外旋。

（6）正（反）手发转与不转球。

特点：球速较慢，前冲力小，主要是发球手法近似，以旋转变化来迷惑对方，使其回接困难。发下旋短球能控制对方攻势，发不转球易使对方接出高球或出界，为进攻创造机会。

动作方法：发下旋短球时，左脚稍前，抛球时将拍引至肩高，手腕略向外展，拍面稍后仰，球回落时，手腕和前臂迅速向前下方发力，摩擦球的中下部。拍触球时手腕的发力要大于前臂的发力，这样才能发出比较强烈的下旋球。

发不转与转球动作上的区别在于，拍触球的刹那间减小拍形后仰角度，并稍加前推的力量，使作用力线接近球心，从而形成不转球。

反手发转与不转球多用于横拍选手。发球时，拍触球的刹那间拍形稍躺平，从球的中下部向底部摩擦，手腕的发力要大于前臂的发力。

反手发不转球时，拍触球的刹那间拍形稍立起，击球的中下部，手臂迅速向前方稍加推的力量将球发出，以前臂的发力为主。

（7）发短球。

特点：击球动作小，出手快，球落到对方球台后的第二跳不出台。发短球可以牵制对方，使对方不易发力还击。

动作方法：发短球主要靠手腕和前臂摩擦发力，向前的用力不要太多，可以加上回收的力量。这样就能发出旋转比较强的短球。摩擦球的部位同发侧上（下）旋和下旋长球相同，只是要求第一跳弹在对方球台中段，这样才能以短球控制对方。

（8）正手高抛发球。

特点：把球抛高可用以迷惑对方。发球时，利用球下降的速度可使发出的球速度快、变化多、旋转强。

动作方法：发球时，左脚在前，右脚斜后。持球手将球用力平稳地往上抛直，球离头部1.5米左右，同时腰和腿顺势向上稍挺伸，重心在左脚上。待球下降在接近腰部偏右时（离身体约15厘米左右），持拍手臂由腰部右后方向左前方挥拍击球，身体重心顺势移到右脚，以便为下板做好准备。击球的瞬间，手臂和身体其他部位集中发力摩擦球，其中手腕发力是最主要的。

发侧上旋球时，球拍接触球的刹那，手腕迅速上勾，摩擦球的中部或中下部，食指侧发力多些。发侧下旋时，集中摩擦球的中下部，球拍由左下方往右中上方摩擦。发力时，后面三个手指顶住球拍，拇指侧用力稍多些。

2. 发球的教学方法

在学习发球时，应该由浅入深。初学者可以先学习平击发球。待发球的准确性有所提高，基本上能够掌握发斜、直线球之后，再学发急球、短球和左（右）侧上（下）旋的球。然后再学习用同一手法发不同旋转的球，以及其他难度较大的发球。在教学中可根据学生的具体情况区别对待。

（1）练习步骤。①徒手做发球前的准备姿势，模仿抛球及发球的动作；②在台前用多球进行发球练习；③练习发斜线球，后练习发直线球；先练发不定点球，后练发定点球；④练习发各种旋转性能的球；⑤练习用同一手法发不同旋转和落点的球。

（2）注意事项。①发球要"精"。每个运动员必须掌握一两种技术精、质量高的特长发球，把它作为比赛中得分的一种重要手段。要防止方法掌握多而全，技术却不精的倾向。②发球要配套。在熟练掌握一两种主要发球的基础上，还要将一些发球方法配合成套，这样效果更好。例如反手发右侧下旋球，应该与发右侧上旋配合成套；发短球为主，应有急球配合；发急球为主应与发短球配套；发斜线球应有直线配合。要防止单一化和只重旋转不顾落点变化的倾向。③发球要善变。发球时应当把旋转、力量和落点很好地结合起来变化运用。发球手法应尽量相似,使对方不易判断出球的旋转性能。④发球要结合抢攻。必须把发球同发球后抢攻连贯起来。要熟悉对方回球的规律(包括旋转和落点变化的规律),为下一板抢攻做好准备。⑤发球要有针对性。发球时必须针对对方的技术水平、优点和缺点,以及站位等情况来决定自己应当运用的发球方法。发球之前要观察一下对手,然后再将球发出。

(二)接发球教学

随着乒乓球技术的发展,发球技术不断有所创新,出现了许多新的发球方法,在比赛中已显出了很大的威胁性,这样就要求接发球技术要相应提高。因此,研究和提高接发球技术具有重要意义。

在每局的比赛中,双方发球和接发球各占一半机会。但是接发球技术的运用往往是被动的,要根据对方发球的方法与来球性能决定接球的方法。因此,如接发球能力差,不仅给对方造成较多的进攻机会,更严重的是在关键时刻,常因接不好发球而产生心理上的恐惧(过度紧张),从而引起连续失误。从这一点来看,接发球不如发球能够充分发挥主动权。所以,只要在接发球时能够对对方发球的旋转、落点等变化作出正确判断而又果断、合理地运用接发球技术,就能迅速摆脱被动,取得主动权。这就要求接发球的方法要多,对发来的出台球要能够抢攻或拉弧圈球(抢拉),对发来的急球要能够快推、快攻,同时还要有落点、旋转、速度、力量的变化,使对方不能发力抢攻或拉弧圈。这样就可以减弱对方的攻势,力争主动,夺取胜利。

1. 发球教学的站位与判断

(1)站位的选择。接好发球的基础是要选择好站位。只有选好站位,才能把对方发过来的各种落点和各种变化的球接过去。同时还要在进入对打阶段能够发挥出个人的特长。要根据对方发球时的位置来决定自己的站位,如果对方用正手在球台右方发球则站位应偏右一些,如果对方用反手或侧身在球台左方发球则站位应偏左一些。

站位偏左或偏右多是从回接对方发来角度较大的斜线球来考虑的。站位离台远近应根据个人习惯打法来决定。总之，站位的选择要保证在进入对打阶段能发挥出个人的技术特长。通常为了便于照顾接长球又能接短球，站位不宜离台太近或太远。另外为了迅速起动，身体重心不宜过低，重心位置应保持在两脚之间。两脚站位的宽度要大于自己的肩宽。接发球时，球拍的位置要适当。一般应在台面同一个水平高度上。但是，也有的运动员（使用两面不同性能的球拍）将球拍持于台面水平高度之下，这样他可以使对手不易看清他用球拍哪一面还击。接发球时，一定要等对手把球发出来再做接球动作。不能过早地猜测着做动作。按照上述原则采用最适合于个人类型打法的姿势和站位（指与球台的关系）才能接好各种多变的发球。

（2）判断旋转和落点的方法。由于发球的旋转和落点变化多，因此加强接发球的判断能力是十分重要的。判断是提高反应的基础，失去了"判断"的准确性，接球将带有盲目性。一般可从下列三个方面进行判断，但这三个方面不是孤立的，而是相互联系，相辅相成的。

第一，从对方出手动作来判断。①可从对方击球时的拍形角度来判断发球的方向。如发斜线球，拍形则向侧偏斜；如发直线球，拍形则向前。②可从对方击球时力量的轻重来判断来球的落点。根据对方发球时挥摆手臂的幅度大小和手腕用力的程度就能判断来球落点的长短和旋转的强弱。挥摆的幅度大，则落点长，挥摆的动作小、力量轻则球速慢，落点近。拍触球的一刹那，手腕用力切球或抖动得越厉害，旋转力就越强，反之旋转力则越小。③可从对方发球挥拍动作和拍触球后移动的方向来判断球的旋转性能。关键是拍触球刹那间要看对方球拍是向哪个方向移动，向上则带上旋，向下则带下旋，向左（右）则带左（右）侧旋。但不要被假动作所迷惑。如接高抛发球，对方把球抛得很高时，不要只盯着抛起来的高球，而要紧紧地盯住对方触球时的动作变化，又如接转与不转或侧上（下）旋发球，应当注意对方的动作。发不转或侧上旋，往往是"下切"时不触球。而在"往上擦时"才触球。

第二，从对方的动态来判断。接发球时，注意观察对方的动态可以推断其作战意图。例如对方以发短球为主，就应主动地站得近台一些，但思想上也要防备对手出其不意地突然发来长球。一些优秀运动员在接发球时，常常有意识地造成一种假象来迷惑对方，有时故意站位远离球台一些，以引诱对方发短球，而思想上早有接短球的准备，这样在接短球时可以为自己创造进攻机会。

第三，从来球的运行轨迹判断球。判断来球的长短、落点比较容易。简单而言，如果球的最高点是在对方台面上空或靠近网前，来球的落点则短；反之则是长球。如果第一跳落台短，弧线长，则发过来的是长球（急球）。如果第一跳落台长，弧线短，则发过来的是短球。用这种方法判断来球的落点也比较有效。

球的运行是指来球在空中飞行时所表现出来的情况。下旋的加转球在空中飞行时，表现出来的现象是前段快，后段沉；不转球则是前段慢，后段快（球落台后向前冲）。在接发球时可以通过球运行速度的快慢帮助判断来球旋转性能。

总之，在接发球时，判断旋转性能是比较复杂的。现提出三种判断方法供参考：第一，看对方触球一瞬间的动作变化；第二，对两面不同性能的球拍（一面反胶，一面防弧圈或长胶），可以从击球的声音来判断球的旋转；第三，球的运行速度。

2. 接发球的教学方法

（1）接急球。当对方用反手发过来左角急球时，一般用推挡回接。如回斜线球应尽可能角度大些，注意手腕外旋，用拍触球的左侧面，使对方难以侧身抢攻或快速变为直线。有时也可回中路靠右或以直线反袭空当。如果用反手攻球或削球回接则必须移步后退，等来球前进力减弱时再回击，这样易于发挥自己的力量和提高准确性。

遇对方发过来的急下旋球，如用推挡回接时，必须使拍面稍后仰，用拍触球的左侧下部，同时，手腕外旋将球推过去。还可以用推下旋方法回接，等球跳到高点时，拍形稍仰，腕固定往前下方推出。如用侧身攻回击急下旋球，要适当加大提拉的力量，又要注意加快前臂内旋的速度，这样才易将球回得准确。用反手攻接发球时，同样要适当加大提拉的力量，又要注意加快前臂外旋的速度。

横板两面攻选手，可用反手拉弧圈的方法回接。要稍后退，拍形稍前倾，在球下降期击球的中部或中下部，将球拉过去。有时也可采用搓球回接。由于来球的前进力强，所以搓时首先应后退，等来球前进力减弱时再向前下方用力，将球搓过去。但这种回接方法速度慢，容易造成被动，不宜过多采用。

（2）接短球。当对方发来近网的短球时，可用"以短回短"的办法，把球回到对方近网处，使其不易发力进攻，要使回球的落点短，则应该注意在上步接球时身体保持稳定，特别是在击球时必须控制住身体的前冲力量，在球拍触球的刹那间控制住拍形（接上旋球拍形下压一些，接下旋球板形稍仰些），迅速减力，做回收的动作，将球接过去。还可以用快攻的方法回接。当球跳到高点期，拍形稍前倾，击球的中上部，靠手腕和前臂的力量迅速发力回击。回接下旋球要注意适当加大提拉的力量。如采用快蹭的方法回接时，要在球跳到高点期，使拍形稍竖起，靠手腕和前臂的力量快速摩擦球，利用速度和落点控制对方。遇对方发来的下旋短球，可用搓球回接。搓球时，除了拍面要略后仰外，还应稍向前用力送球。如来球下旋力强，则向前用力要相对加大，使回球的弧线增高，以免下网。

（3）接左侧上（下）旋球。当对方发来左侧上旋球，可用推挡回接。推接时，最稳当的办法是将球拍略向左偏斜，并迅速使拍面稍前倾，然后用力将球推压过去。如要把球回到对方的右角，则拍面正对对方右角，并用力将球推到靠近边线的地方。如要把球回到对方的左角，则拍面应对着对方球台中央，尽量利用拍面的偏斜角度来抵消来球的左侧旋力。

另外，也可以用侧身攻球或反手攻球来回接。在触球的刹那间，除控制好拍面外，还要注意击球的拍形要下压一些，主要靠手腕和前臂发力回击。如用削球回接左侧上旋球，除使拍面稍向左偏斜外，还要注意拍面略竖直一些，手臂加大向前下方摩擦的力量，以免将球回高。

当对方发来左侧下旋球时，可用搓球或削球去回接。接球时，拍面应略向左偏斜，拍形稍后仰，前臂向前下方用力切球。如来球的旋转力强，则向前用力要相对加大，但搓球与削球回接时击球时间有所不同，削球回接时必须稍迟些，或在下降期击球，搓球在下降前期击球。以攻球回接左侧下旋时，最好是用拉攻的方法。接球时，拍面略向左偏斜，并适当加大提拉的力量，这样才易提高准确性。

（4）接右侧上（下）旋球。当对方发来右侧上旋球时，可用推挡回接。推接时，最稳当的办法是先将球拍略向右偏斜，并迅速使拍面稍前倾，然后用力将球推压出去。如要把球回到对方的左角，则拍面正对对方左角，并用力将球推到靠近边线的地方。如要把球回到右角，则拍面应对着对方球台中央，尽量利用拍面的偏斜角度来抵消球的右侧旋力。还可以用侧身攻球、反手攻球或削球来回接右侧上旋球。但注意拍面应稍向右偏斜，其他动作要领与接左侧上旋球相同。当对方发来右侧下旋球时，可用搓球或削球去回接。接球时，拍面应略向右偏斜，其他动作要领与接左侧下旋球相同。以攻球回接右侧下旋时，最好是用拉攻的方法。接球时，拍面略向右偏斜，并适当加大提拉的力量，这样才能提高准确性。

上述各种接发球方法，只是初学者应当懂得的基本知识，这里还没有全面谈到回球落点的控制，以及回球时力量运用的问题。这些问题还有待于运动员在反复练习过程中，逐步加以研究和提高。特别是对付多变的成套发球，如高抛发球、侧上（下）旋球和转与不转等发球，球的变化更为复杂，因而有必要经常地进行练习和认真地研究，不断提高接发球的能力，以适应比赛的需要。

3.接发球的教学内容

（1）教学顺序。接发球应该与发球教学结合进行，学习怎样的发球，同时也就学习怎样的接发球。从各种接发球方法可以看出，它是推挡、搓球、削球、攻球和拉弧圈球等技术在接发球中的具体运用。因此，对初学者而言，必须首先掌握推、搓、削、拉等基本技术，这是学习接发球的前提。

运动员接发球能力的高低，常以其所掌握的基本技术的好坏来决定。运动员随着基本技术水平的提高，接发球能力也会得到逐步增强。但推、搓、削、拉用之于接发球和用之于对攻或对削时有很大的不同，因为接发球时，是在对方完全掌握主动权的情况下去使用这些技术的。当对方发球时，不仅可以随意地把球发到任何位置，而且还可以用最大的力量或速度去击球，从而增加了接发球的复杂性。这样，对接发球也就提出了更高的要求，即除了要适应对方发球的旋转变化和落点变化之外，还要将球有把握地回到比较恰当的位置，才能避免遭受对方的攻击。如果我们仅仅依靠平时在练习中所掌握的那些技术，就很难应付对方在发球时迅速而突然的变化，加上运动员所掌握的发球种类很多，并各有特长，因此接发球必须经过专门的和系统的训练，才能不断提高适应能力。

（2）练习步骤。①开始练习接发球时，最好是固定用推挡、搓球、削球或拉球中的任何一种技术去接对方的单一发球（可用多球进行练习）。②练习接侧上（下）旋球的技术，以适应不同旋转变化。如接左（右）侧上（下）旋球时，要在对方球拍触球的刹那间观察球的移动方向，来提高判断旋转的能力。③在上述基础上，还要进一步研究控制回球落点，以避免在接球后给对方有较多的攻击机会。④在掌握了较好的适应能力和能够较自如地控制回球落点之后，应逐步提高防御对方抢攻的本领。对接发球结合防御的要求，第一步应能顶得住对方的抢攻；第二步还要求有落点变化，能把球回到对方空当。这样，才能避免受到对方连续的攻击，以摆脱被动。⑤当接发球防御有了一定基础之后，可以开始练习拉球或抢攻的接发球技术，其顺序也应是从接单一发球到接配套发球、从固定落点到不固定落点、从采用一种接法到结合多种接法，这样由浅入深地去进行学习，使之逐渐和实战的情况密切结合起来。

另外，在训练中应使发球和接发球练习密切结合。这样有利于相互促进，共同提高。训练中有时可抓发球技术的提高，有时也可以抓接发球技术的提高。在抓发球抢攻技术的提高时，要求接发球一方提高防御及控制落点的能力，在抓接发球技术的提高时，则要求接发球一方不仅要控制好回球落点，并且还要尽可能抢先进攻。在基本技术练习中，如果能把发球与接发球也加进去，结合在一起进行训练，将会使发球与接发球能力得到更快的提高。

二、挡球与推挡球教学

（一）挡球与推挡球的教学动作

挡球是初学者首先应学习的一项技术。推挡球是我国左推右攻类型运动员的主要技术之一。由于推挡时站位近、动作小、球速快，所以在比赛中常用推挡的速度和落点变化压制对方攻势。运用得好可以充分发挥近台快攻的作用，也可直接得分。首先应学习挡球，在基本熟悉了球的性能和掌握了击球动作的手法之后，再学习推挡球，然后进一步变换推挡球的力量和旋转，练习减力挡、加力推和推下旋球等技术。

1. 挡球教学

特点：球速慢，力量轻，动作简单，容易掌握，它是初学者入门的技术。反复练习挡球可以熟悉球性，体会击球时的拍形变化，提高控制球的能力。在对方攻击时，挡球还能作为防御的一种手段。

动作方法（以右手为例）：两脚平行或左脚稍前，身体离球台约50厘米。击球前，前臂与台面平行伸向来球。拍触球时，前臂和手腕稍向前移动，主要是借助对方来球的反弹力将球挡回。在上升期，击球的中部，拍形与台面接近垂直。击球后，迅速收回球拍，还原成击球前的准备姿势。

2. 减力挡

特点：能减弱回球的力量，前进力弱，一般在对方来球力量较重的情况下使用。

动作方法：站位与挡球相同。在触球刹那，手臂前移的动作要骤然停止，甚至根据来球情况要把球拍轻轻后移，用以减弱来球的反弹力。要使减力挡控制得好，必须善于根据来球力量和上旋强度的大小，调节好拍形角度和掌握好触球瞬间球拍后移的动作。

3. 快推

特点：借力还击，回球速度快，力量较轻。在发挥出速度上的优势时能起到助攻作用，落点变化好，能袭击对方空当。

动作方法：左脚稍前，或两脚平行，自然开立，身体离台约50厘米。持拍手上臂和肘关节内收，前臂略向外旋。击球时，前臂开始向前推击，同时手腕外旋，食指压拍，拇指放松使拍形前倾。在上升期，击球中上部，将球快推回去。击球后，手臂继续前送，手腕配合外旋使球拍下压。

4. 加力推

特点：回球力量重，球速快，击球点较高。充分发挥手臂前推力量，能压制对方攻势，有利于争取主动。

动作方法：加力推的击球时间比快推稍慢一些。在准备推挡时，前臂向后收，使球拍稍微提高一些，并及时根据来球弹起的高度，调整好拍形角度，在上升期后段或高点期击球中上部。主要靠前臂向前推压发力。击球时，拍形应固定，手腕不加转动。

5. 推下旋

特点：回球下旋，弧线较低，球下沉快。在推中使用能减弱对方推压的力量，或使对方回接困难。

动作方法：准备击球时，手腕不要外转，拇指压拍，拍面保持一定后仰，在上升期后段击球中下部。推击时应适当增大向前和稍向下的力量，以压低回球弧线。

6. 快挡

特点：这是横拍技术，动作简单，回球速度快。如落点控制好，也能取得一定的主动地位。它与削球结合起来不仅使攻球产生旋转的变化，而且改变了回球的速度，为反攻创造机会。用它来接突击球，或回击弧圈球和对方发来的急球都有很好的效果。

反手快挡：球拍置于身前，前臂自然弯曲。准备击球时，拍稍向后移。如挡直线，当球从台面弹起时，前臂向前迎球，拍形稍前倾，使拍面对着对方右角，在上升期击球中上部。如挡斜线，手腕在触球刹那间稍向外转动，使拍面对着对方左角，触球的左侧上部。

正手快挡：准备击球时，前臂稍向右移动。如挡直线，当球从台面弹起时，前臂向前迎球，手腕略向外展，拍稍微竖起，使拍面对着对方左角，在上升期击球中上部，拍形稍前倾。如挡斜线，手腕稍向内转，使拍形对着对方右角，触球的中上部。

（二）挡球与推挡球的教学方法

1. 挡球与推挡球的练习步骤

（1）徒手的挡球或推挡球的模仿动作，体会动作要点。

（2）用正反手对墙做挡球练习。

（3）两人在台上对练挡球。不限落点，只要求动作正确并能击球过网。

（4）两人在台上先练挡中线再练挡斜线或直线，要求逐渐加力。主要是让练习者体会前臂和手腕的推挡动作。

（5）两人在台上做反手推挡斜线练习，逐渐加快体会快速推挡动作。

（6）一人逐渐加力推挡；另一人用均匀力量推挡。二人轮换。

（7）两人用全力推挡。

（8）一人用均匀力量推挡；另一人在推挡中结合下旋推挡。

（9）先对推斜线后再对推直线。

（10）一点推两点或一点推不同落点。

（11）推、攻结合练习。一人攻球，打上升期；另一人推挡。然后互换练习。一人攻球，打上升期；另一人做加力或减力挡练习。然后互换练习。在掌握了挡球和推挡球的技术动作基础上，就可以进一步结合学习加力推挡、减力挡、推下旋球等技术动作。

2. 挡球与推挡球的注意事项

（1）准备挡球时，不要挺胸、挺腹，两脚不要并拢，两膝不要伸直。

（2）推挡球时，肘关节应贴近身体，以免影响前臂向前发力和减小左方的照顾范围。

（3）推挡球时，应食指用力，拇指放松，手臂前推或后引，动作幅度不宜太大，以免影响回收速度。

（4）充分利用身体重心的移动和腰部的转动，用来增加击球力量。

三、攻球教学

（一）攻球的教学动作

1.正手攻球的教学动作

攻球是乒乓球比赛中争取主动和获得胜利的重要技术。它具有快速有力的特点，能体现积极主动、快速进攻的指导思想。运用得好能使对方陷于被动，取得优势。因此必须学会全面的攻球技术。

学习攻球应先从正手攻球开始，对初学者而言，球在高点刚下降时，球比较稳定，动作容易掌握，可先练习这种球。在初步掌握动作后，再练习正手快攻、远攻、拉攻、台内攻球、扣杀、侧身正手攻球等技术。学反手攻球也是一样，逐步由浅入深，由易到难。

（1）正手快攻。

特点：站位近，动作小，球速快，借球反弹力还击，能缩短对方准备回击时间，争取主动，为进攻创造条件，也可直接得分。运用得好可以充分发挥近台快攻的作用。

动作方法：左脚稍前，身体离球台约40厘米。击球前，持拍手臂要右前伸迎球，前臂自然放松，球拍呈半横状。当球从台面弹起，前臂和手腕向前上方挥动，并配合内旋转腕的动作，使拍形前倾，在上升期击球中上部。拍触球刹那，拇指压拍，同时加快手腕内旋速度，使拍面沿球体做弧形挥动。击球后，挥拍至头部高度。

横拍击球时，手臂要自然弯曲，手腕与前臂近乎成直线并约与地面平行。前臂和手腕稍向前上方用力，击球时间、部位和拍形与直拍基本相同。

（2）正手扣杀。

特点：动作大，力量重，球速快，攻击性强，在还击半高球时，能充分发挥击球的力量，是得分的一种重要手段。

动作方法：左脚稍前，击球前持拍手臂向右后方引拍，并稍高于台面，球拍呈半横状。当球弹起到高点时，上臂带动前臂由后向前。将触球时，前臂加速用力向左前挥击，手腕跟着转动，在高点期前后击球中上部，拍形稍前倾。球拍触球的刹那间，整个手臂的力量应发挥到最大限度，同时腰部配合向左转动，触球点一般在胸前50厘米左右。击球后，要随势将拍挥至左胸前，上体左转，重心由后脚移至前脚。

（3）正手拉攻。

特点：站位稍远，动作较慢，由下向上挥击，球速不很快，靠主动发力击球。它是还击下旋球的有效方法，攻削球时能为扣杀创造条件。在战术改变前或在被动时也可用它作为过渡。

动作方法：左脚稍前，身体离球台约60厘米。击球前，持拍手臂向右后下方引拍，球拍比半横状略下垂些，拍形稍后仰。当球从高点开始下降时，上臂由后向前上方挥动，在将触球前，前臂加速用力向左上提拉，同时配合手腕动作向上摩擦球，在下降期击球中部或中下部，拍形接近垂直。遇来球低或下旋较强时，腰部应配合向上用力。击球后，要随势将球拍挥至额前，重心移至左脚。

（4）侧身正手攻球。

特点：站位偏左角，利用侧身来发挥正手攻球作用，与推挡结合能发挥正手攻球威力，在还击下旋球时能为进攻创造机会，是近台快攻运动员的重要技术，也是争取得分的重要手段。

动作方法：侧身正手攻球首先要迅速移动脚步，取好位置。根据来球不同落点，可用换步、跳步或后退交叉步，有时也可用单步上前或后退来做侧身动作。当侧身移步完成时，身体侧向球台，左脚在前，上体稍前倾，腹部后收。根据来球情况可以在侧身位置用快攻、拉攻、扣杀等技术。有时来球很快逼近身体，脚步已来不及后退时，应迅速转身收腹，重心也迅速移至左脚，使球拍贴身，然后手臂再向前上方挥击。

（5）正手攻滑板。

特点：速度慢，带侧旋，弧线向右偏斜，回球角度大。运用它可以迷惑对方，增加对方回球的难度，为进攻创造条件。

动作方法：击球时，重心在左脚，手臂自然弯曲，球拍位于身体右侧呈半横式。然后手臂由右向左移动，在高点期击球左侧面。触球刹那间，手腕外展顺势向左一滑使球左旋，击到对方左角。击球后，手臂继续向左挥动。

2.反手攻球的教学动作

（1）反手快攻。

特点：站位近，动作小，球速快，借来球反弹力还击，是两面攻的重要技术之一，也是推中结合反手攻找机会的一种重要手段。如果与正手攻球配合得好，可以充分发挥近台快攻的作用。

动作方法：右脚稍前，身体离球台约40厘米。持拍手臂自然弯曲，将球拍移至腹前偏左的位置。击球时，前臂和手腕向右前上方挥动，同时配合外旋转腕动作，使拍形前倾，在上升期击球中上部。击球后，随势将球拍挥至右肩前。

横拍击球时，手臂在体前自然弯曲，手腕与前臂近乎成直线，拍柄稍微向下。当球从台面弹起时，前臂向右前上方挥拍，触球的刹那间手腕配合向外转动。击球时间、部位和拍形与直拍基本相同。

（2）反手快拨。

特点：动作小，球速快，借来球反弹力还击。在近台快攻中可发挥速度上的优势。它是横拍的一项基本技术。

动作方法：右脚稍前，前臂自然弯曲，将球拍引至腹前偏左处，肘部稍前。当球从台面反弹时，前臂带动手腕向右前方挥动，在上升期击球中上部，拍形稍前倾，借来球反弹力将球拨回。击球后，手腕向前，肘略往后，球拍随势挥至右肩前。

（3）反手远攻。

特点：站位远，动作大，力量较重，主动发力击球。在对攻中可以发挥较重的击球力量，配合落点能争取主动或直接得分。被动防御时，可以用它反击。

动作方法：右脚稍前，身体离球台1米以外。击球前，持拍手的上臂和肘关节靠近身体，前臂向左下方移动，将球拍移至腹前偏左的位置，拍形稍后仰。击球时，手臂由后向前挥动，前臂在上臂带动下，向前上方用力，同时配合向外转腕动作，在下降期击球中下部。击球后，大臂随势前送，肘关节离开身体，将球拍挥至头部高度，身体重心移向右脚。

（4）反手拉攻。

特点：站位稍远，动作较大，靠主动发力击球，是还击左方来的下旋球的一种方法。对搓球或攻削球，运用它能争取主动或直接得分。

动作方法：右脚稍前，身体离球台约60厘米。击球前，持拍手臂的上臂靠近身体，前臂向左下方移动，将球拍移至腹前偏左的位置，球拍略下垂并稍低于台面，拍形稍后仰。击球时，上臂稍向前，同时配合向外转腕动作，前臂向右前上方迅速挥动，在下降期击球中部或中下部，腰部应辅助用力。击球后，随势将球拍挥至额前，身体重心移至右脚。

（5）反手扣杀。

特点：动作大，力量重，球速快，攻击性强，是还击半高球的一种方法，也是得分的一种重要手段。

动作方法：右脚稍前，上体向左转动，持拍手向左后方引拍，并略高于来球。击球时，肘略向前，上臂带动前臂用力向右前挥击，同时配合向外转腕动作，使拍形前倾，在高点期前后击球中上部，腰部应配合由左向右转动。击球后，随势将球拍挥至右前方，身体重心移至右脚。

（二）攻球的教学方法

1. 攻球的练习步骤

（1）徒手练习。①可先根据正反手攻球动作要领做徒手模仿动作练习，体会挥臂手法、腰部扭转和重心交换等要领。②在原地徒手练习的基础上，结合步法做徒手练习。如结合单步练习左推右攻，结合侧身步法练习推挡侧身攻，结合交叉步法练习侧身后扑攻等。

（2）单个动作练习。规定一人发球一人练习攻球。打一板球后再重新发球。

（3）推攻练习。①一人挡球一人练习正（反）手攻球。要求先轻打，再用中等力量打。待稍熟悉后，再练发力攻或快打。②一人推挡一人练习正（反）手攻球。练习形式有攻斜线、攻中路、攻直线、在1/2球台范围内攻球或在2/3台范围内攻球。要求推挡球的落点在规定范围内有所变化，攻球者要在走动中练。③两点攻一点。要求对方把球推到攻球者两点（左、中或中、右或左、右），而攻球者在左右移动中将球击到对方一点。练习时可先有规律，角度变化小一点。然后逐渐增加难度，角度变化大一点，直到无规律的练习。④一点攻两点。攻球者从一点将球攻至对方两点。练习时，先可以有规律地攻两点，以后变为无规律地攻两点。

（4）对攻练习。①正手对攻斜线；②正手对攻中路；③侧身正手对攻斜线；④把以上三条对攻线路连贯起来，两人在左右连续移动中对攻；⑤两直对两斜的对攻。一人在左右移动中专打直线；另一人在左右移动中专打斜线（初练时可采用左推右攻的形式）。

（5）推和攻结合的练习。①两人对推斜线，推中侧身抢攻。从固定一方推中侧身抢攻到双方推中侧身抢攻；②两点打一点的左推右攻练习；③两点打一点的正反手两面攻练习；④推挡变线正手打回头；⑤推中侧身攻后扑打右方空当，或反手攻接侧身攻后再扑打右方空当；⑥推中结合反手攻；⑦推中反手攻结合侧身正手攻。

（6）发力攻练习。按以上练习方法，有些攻球动作要求发力攻。

（7）改变攻球节奏的练习。在以上对攻和推攻的固定球路练习中，还要注意把近攻和远攻结合起来，把借力和发力攻球结合起来，把攻球和拉球结合起来，借以改变攻球节奏，造成对方回接困难。

（8）搓攻练习。①对搓斜线，搓中一方（或双方）侧身起板抢攻。②一方一点搓两点；另一方左搓右攻。③两点对两点对搓，搓中一方（或双方）起板抢攻。④全面搓攻。

（9）拉攻练习。①稳拉练习。先定点定线练习，再在运动中拉不同落点。②拉中突击。拉中路杀两角，或拉左杀右、拉右杀左、拉两角杀中路。拉时要有轻重的变化，或侧旋的变化，从而为扣杀创造机会。③拉中突击结合放短球。

（10）其他练习。①一人放高球或放上旋半高球，一人连续杀高球；②攻打弧圈球练习；③发球抢攻练习；④发球抢攻或抢拉练习。

2. 攻球的注意事项

（1）在一般教学过程中，要注意循序渐进的原则。攻球内容很丰富，学习时应先学正手攻球再学反手攻球，先慢打再快打；先轻再重；先稳再凶，由浅入深地逐步掌握。

（2）要特别注意多在运动中练攻球。练步法或练手法，要结合实战练习。重点技术坚持经常练，反复练，做到精益求精。

四、弧圈球教学

（一）弧圈球的教学动作

弧圈球是一种上旋力非常强的进攻技术，它从20世纪60年代初到现在，不但已被各国运动员所掌握，而且有很大的发展，出现了以弧圈球为快攻创造机会，被动时作为过渡，主动时发力拉冲直接得分。弧圈球的种类很多，现在介绍正手加转和不转、正手前冲、正手侧旋，以及反手弧圈球的打法。

1. 正手高吊弧圈球

特点：球速较慢，弧线较高，上旋性特强，着台后向下滑落快，回击不当易出界或击出高球，可为扣杀创造机会。一般遇到低而转的来球时，打这种球的比较多。

动作方法：两脚开立，右脚稍后，身体略向右转，两膝微屈，重心放在右脚上。准备击球时，持拍手臂自然下垂，并向后下方引拍，右肩略低于左肩，拇指压拍使拍形略为前倾，呈半横立状，并使拍形固定。当来球从台面弹起时，手臂向前上方挥动，前臂在上臂带动下爆发性用力做快收动作。将要触球时，手腕向前上方加力，在球下降期用拍摩擦球的中部或中上部。球拍擦击球时，要注意配合腰部向左上方转动和右腿蹬地的力量。击球后，重心移至左脚。

随着乒乓球运动的发展，又出现了不转弧圈球。它的动作要领近似高吊弧圈球。击球时，拍在球的底部将球提拉出去。

2. 正手前冲弧圈球

特点：弧线低、上旋力强，球速快，着台后前冲力大。运用这种打法可直接得分，或为扣杀创造机会。

动作方法：两脚开立，右脚稍后，身体略向右转，重心放在右脚上，将球拍自然地拉至身后（约与台面同高），拍形保持前倾，与地面成35°～40°夹角。当球从台面弹起还未达到高点时，腰部向左转动，手臂向前上方挥出，前臂在上臂的带动下，迅速内收，手腕略做转动，在高点期或下降期前用拍擦击球的中上部，使之成较低的弧线落在对方的台面上。击球后，重心移至左脚。

3. 正手侧旋弧圈球

特点：带有强烈上旋力及侧旋力，着台后下落快，还会出现拐弯现象，给对方造成回球困难。

动作方法：击球准备姿势与加转弧圈球相似。在击球时，拍面成半横立状，应略向右侧，上臂带动前臂和手腕，结合腰部向右旋转的力量，在下降期用拍擦击球的右中部或右中上部，使球带有强烈右侧上旋。击球后，重心移至左脚。

4. 反手弧圈球

特点：反手弧圈球多为横拍运动员所采用。这种打法由于受到身体的阻挡，手臂力量的发挥受到限制。相对而言，没有正手弧圈球威力大，一般结合正手扣杀，寻找机会，有时也可以直接得分。

动作方法：两脚平行或左脚稍后站立，两膝微屈，重心较低。击球前，将球拍引至腹部下方，腹部略内收，肘部略向前，手腕下垂，拍形前倾。当球从球台弹起时，以肘关节为轴，前臂迅速向上挥动，结合手腕向上转动的力量，在下降期用拍擦击球的中部或中上部。在击球过程中，两腿向上蹬伸。

（二）弧圈球的教学方法

1. 弧圈球的练习步骤

（1）徒手模仿拉弧圈球的动作。

（2）一人发中路出台的下旋球；另一人练习拉弧圈球。主要是体会击球手法、拍形和击球部位。要求动作准确，要多摩擦球，不要撞击球。

（3）同上练习。要求体会击球手法与挥臂、转体等动作的协调配合，以提高弧圈球的质量。

（4）一人推挡；另一人练习连续拉弧圈球。

（5）二人对搓，固定一人搓中变拉弧圈球。

（6）一人削球；另一人练习连续拉弧圈球。

（7）同上练习。规定向固定落点拉弧圈球，以提高击球动作的准确性。

（8）练习中要求推挡、搓球或削球一方不断变化落点，以提高在移动中连续拉弧圈球的能力。

（9）结合其他技术练习拉弧圈球。如发球抢拉、接发球抢拉、拉攻中结合弧圈球、拉弧圈球结合扣杀等。

（10）以拉弧圈球为主要打法的运动员，在初学时可交替练习拉高吊弧圈和前冲弧圈球。掌握了一定的拉弧圈球技术以后，要着重练习拉前冲弧圈球，反复体会拉前冲弧圈球的动作及发力方法。

2. 弧圈球的注意事项

（1）练习弧圈球时，要充分做好肩部和腰部的准备活动，以免受伤。

（2）注意把上臂、手腕、腰及腿的力量集中使用在击球一刹那，借以加快摩擦球时的速度。拉完后，手臂要迅速放松，及时还原，做好下一次击球的准备。

（3）准备击球时，拍形角度不宜太小，否则容易出现拉空或拉在球拍边上的失误动作。

（4）拉球后要结合练习扣杀的技术，防止只会拉不会扣的倾向。

五、搓球教学

（一）搓球的教学动作

搓球是近台还击下旋球的一种基本技术。比赛中经常用它为拉弧圈球创造条件，它与攻球结合可形成搓攻战术。搓球可用于接发球，必要时用它作为过渡。对初学者而言，首先应学反手搓球，再学正手搓球。先练习慢搓，再练习快搓。在基本熟悉以上技术之后，再练习搓转与不转的球。

1. 快搓

特点：动作幅度较小，回球速度较快，能借助来球的前进力去回击。它是对付削球和搓球的一种方法。

动作方法：右脚稍前，身体靠近球台。来球在身体左侧时，可运用反手搓球。击球时，上臂迅速前伸，前臂跟随向前，拍形稍后仰，利用上臂前送力量，在上升期击球中下部。

来球在身体右侧，可以运用正手搓球。搓球时，身体稍向右转，手臂向右前上引拍，然后前臂和手腕向前下方用力，在上升期击球中下部。

2. 慢搓

特点：动作幅度较大，回球速度稍慢。旋转变化运用得好，可以为进攻创造条件或直接得分。

动作方法：反手慢搓的站位是右脚稍前，身体离球台约50厘米，持拍手臂向左上引拍。击球时，前臂和手腕向前下方用力，同时配合内旋转腕的动作，拍形后仰，在下降后期搓击球中下部。击球后，前臂随势前送。

横拍搓球时，拍形略竖一些，击球后前臂向右下方挥摆。击球时间、部位和拍形，与直拍基本相同。

正手慢搓的站位是左脚稍前，身体稍向右转。击球前，手臂向右上方引拍。然后前臂和手腕向左前下方用力搓球，在下降期击球中下部。

3.搓转与不转球

快搓和慢搓均能搓加转球与不转球，它主要是取决于作用力是否通过球心。搓球时力量大，切球薄，旋转力就强。作用力通过球心则不转。搓加转球时，前臂和手腕加速向前下方用力，切球的中下部，用球拍的靠下部分触球以利于摩擦球。搓不转球和搓转球的动作相似，但前臂和手腕要多向前上方用力，用球拍的靠上部分或中间部分碰球，形成相对的不转。对搓时回球的性能有三种：①甲方搓加转球，乙方搓不转球或搓球下旋力小于甲方，则乙方回过去的球呈上旋；②甲方搓不转球，乙方搓加转球，则乙方回过去的球呈下旋；③双方搓球旋转力基本相等时，来球成不转的飘球。

（二）搓球的教学方法

1.练习步骤

（1）徒手模仿搓球动作。

（2）自己向球台抛球，弹起后将球搓过网。

（3）在接发球时，将球搓回对方球台。

（4）在接发球时，以相反球路将球搓回对方球台。

（5）对搓练习。

（6）固定球路正手和反手结合搓球。

（7）练习正反手快搓短球。

（8）搓转与不转的球。

（9）搓球和攻球结合练习。

2.注意事项

（1）搓球动作不宜太大，要充分利用前臂和手腕转动的力量。

（2）搓转与不转球时，关键在于拍与球接触时的动作手法。搓转球时，要使球拍从上往下摩擦球；搓不转球时，要使球拍从上往前下托球。

六、削球教学

（一）削球的教学动作

1. 远削

特点：动作大，球速慢，弧线长，回球下旋。远削时，可通过旋转变化伺机反攻，落点好、弧线低能控制对方攻势或直接得分。

动作方法：正手远削时，左脚稍前，身体离球台1米以外。上体稍向右转，重心放在右脚上。击球前，手臂自然弯曲，将球拍向右上引至与肩同高。击球时，手臂向左前下方挥动，在下降期击球中下部，拍形稍后仰。触球刹那间前臂加速削击，同时手腕向下辅助用力。击球后，球拍随势前送，重心移到左脚。

反手远削时，右脚稍前，身体左转，手臂弯曲，球拍向左上方引至与肩同高，拍柄向下，重心放在左脚上。击球时，手臂向右前下方挥动，前臂与手腕稍加用力削击来球，在下降期，击球中下部，拍形稍后仰。击球后，上体向右转动，球拍随势挥至身体右侧，重心移到右脚。

2. 近削

特点：动作较小，球速较快，前进力较强。近削逼角能使对手回球困难，从而伺机反攻或直接得分。

动作方法：正手近削时，左脚稍前，身体离球台50厘米左右，上体稍向右转。击球时，手臂弯曲，把球拍引至与肩同高，拍形稍后仰。触球时，前臂用力向左前下方挥动，手腕配合下压，在上升后期或高点期，击球中部或中下部。

反手近削时，右脚稍前，手臂弯曲向左上引拍。击球时，前臂向右前下方挥动，手腕配合用力下压，在上升后期或高点期，击球中部或中下部。

（二）削球的教学方法

1. 削球的练习步骤

（1）徒手模仿削球的动作。

（2）在接发球时，用正手或反手将球削回对方。

（3）用正手或反手连续削回对方拉抽过来的球。

（4）用正手或反手削直线或斜线球。

（5）正手和反手结合向固定落点削球。

（6）近削逼角练习。一人拉球，另一人用正反手将球削到对方左角或右角。

（7）逼角后结合变线。连续削逼左角，突然变线回右角；或连续削逼右角，突然变线回左角。

（8）削转与不转球。一人稳拉对方正手或反手；另一人练习正手或反手用相似手法削出转与不转的球。

（9）一人拉球；另一人在正反手结合的削球过程中削转与不转的球。

（10）一人拉中扣杀结合放短球；另一人练习在削球中上步接回对方所放的短球。

（11）削球和攻球结合练习。在以上练习中，遇有机会进行削中反攻。

（12）削球和推挡结合练习。在削球中突然上前推击对方空当。

2.削球的注意事项

（1）削球引拍时要注意球拍上提。如果球拍上提不够，容易击球不过网或下旋力不强。

（2）削球时拍形不要过于后仰。如拍形过于后仰，会造成削球过高或不过网。

（3）必须学会使用正反手两面结合的削球。正反手连续变换的削球很重要，应作为练习重点。

（4）削加转球时，不要滥用手腕力量。手腕要跟随前臂的挥动方向用力。

（5）削球时，手臂和腰、腹、腿用力要协调，同时要加强步法练习，这样才能提高削球的稳健性和旋转变化的能力。

第五章

乒乓球运动战术教学

第一节　单打战术教学

一、单打战术的原则

乒乓球战术，是运动员在比赛中根据乒乓球运动的比赛规律，彼我双方的具体情况和临场变化，有效地运用技术、心理和身体素质所采取的有目的、有意识的方法。战术的目的是为了更好地发挥运动员的技术特长，制约对方，力争掌握比赛的主动权，争取比赛的胜利。

战术从广义上而言，则是指技战术、心理、智能和体能等，在比赛中有针对性的综合运用；从狭义上而言，主要是指在比赛中根据双方的打法类型及技术特点，而采用的各种技战术原则与方法。

乒乓球的战术是由各种基本技术组成的，技术是战术的基础，技术质量的好坏，决定了战术运用的效果及战术变化的大小，只有全面、扎实地掌握技术，才能灵活运用各种战术。反过来，技术只有通过战术才能得到充分的发挥和良好的运用，而战术提出的要求又可以促进技术的提高与新技术诞生。所以，技术和战术相辅相成，相互促进，缺一不可。

对不同的打法、不同的对手要根据自己的特点有针对性地采取相应的技术、战术。只有合理运用技术、战术，有的放矢，才会收到良好的效果。

乒乓球战术的原则主要有以下方面：

第一，知己知彼，有的放矢。比赛前，不但要对自己各方面的情况做到心中有数，而且通过观察了解和分析对手的整体作战情况，摸清对手主要特点：球拍性能、基本打法、技术、战术运用的特点、心理素质、体能状况等，然后制定出适合自己的、有针对性的、切实可行的战术方案。

第二，勤于观察，善于分析。在乒乓球比赛时，运动员要注意观察、了解场上战局的变化，特别要注意分析对方的心理，及时调整和改变自己的对策，给对手以出其不意的攻击，影响其作战意图，从心理上给对手威胁，助长自己的士气。

第三，机动灵活，随机应变。考虑和制定战术要根据场上具体情况，灵活多变。如某种打法或某种战术，在开局时对方可能不适应，一旦适应就会出现被攻的被动的局面。所以，不能只是单一刻板式的战术。

第四，以己之长，克彼之短。每个运动员都有自己的打法和风格，不管哪一层次的运动员都有自己的长处和不足。在比赛时，要善于分析自己和对方的特点与不足，发挥自己的长处，抓住对方弱点，以己之长，克彼之短，掌握比赛主动权，争取比赛的胜利。

第五，勇猛顽强，敢打敢拼。制定战术时，必须体现出积极主动的指导思想。具体实施时要果断大胆、勇猛顽强、敢打敢拼。比分领先时乘胜追击，相持时手不软，落后时不气馁，大胆贯彻自己的作战意图，力争达到预期目的。

以上各个原则是有机联系、互为条件、辩证统一的。制定和运用战术的前提是必须了解对手的技术特点和打法情况。因此，运动员在培养自己战术意识的同时，应着重培养观察能力。这样才能在比赛中用较短时间，迅速掌握对手的技术、战术情况，及时制定出作战方案，在比赛中灵活运用战术，赢得比赛的胜利。

二、单打战术教学的分类

（一）发球抢攻战术

发球抢攻是我国乒乓球运动员的重要战术之一。近年来，世界各种类型打法的运动员都越来越重视这一战术，并使之有了很大发展。运用发球抢攻时，应注意以下方面：

第一，注意发球的质量。即速度、旋转、落点等变化，给对方造成困难。

第二，注意发球与抢攻的配合。发球时，应明确对方有可能怎样接球，回球到什么位置，自己怎样抢攻等。

第三，每个运动员应有两套过硬的发球抢攻战术。多而不精或只有一招都不够完善。

第四，抢攻应大胆果断。不论对方用搓球、拉球（包括弧圈球）等技术接发球，自己都能抢攻。抢攻的技术好，可增加自信心，增加发球的威力，增大对方接发球的心理压力，就容易出现抢攻的机会。

第五，发球要与运动员本身的特点、特长、风格配套，才能起到良好的效果。

具体的发球抢攻战术，主要有下面几种：

1. 正手发转与不转球后抢攻

一般以发至对方中路或右方短球为主，配合左方长球。开始先发短的下旋球为好，以控制对方不能抢攻或抢拉，然后再发不转球抢攻。不转球，一般也先发短的，或发至对方攻势较弱的一面；如果对方吃，还可适当发些长的到其正手。若能发到似出台又未出台的落点，则效果更好。

欧洲拉弧圈球的选手，往往是发不转球到直拍选手的左方或中路近网，配合左长的下旋球。因为直拍选手反手遇强烈下旋多不敢起板，只能以搓回接，欧洲选手正好抢拉弧圈球。也可有计划地发短球后，先快搓两大角长球，再伺机抢攻或抢拉（冲）。这样，既可避免盲目抢攻，还可打乱对方接发球后就准备防守的战术。

2. 侧身用正手发高、低抛左侧上、下旋球后抢攻

侧身用正手发高、低抛左侧上、下旋球的落点为：发至对方中左短、左大角、中左长、中右（向侧拐弯飞行正好至对方怀中）和右短，配合一个直线奔球。

左手执拍的选手采用此套发球抢攻的战术，威胁更大。一般多用侧身发高抛至对方右近网，对方轻拉至反手，可用推挡狠压（也可用侧身攻）一板直线，或直接得分，或为下板球的连续进攻制造机会；若对方撇一板正手位球，可用正手攻一斜线至对方反手。

3. 反手发右侧旋后抢攻

反手发右侧旋后抢攻战术尤其适合擅长反手进攻的选手运用，一般多发至对方中右近网或半出台落点，然后用正、反手抢攻对方反手。亦可发长球至两大角。一般发至对方正手时，对方常会轻拉直线，可用反手抢攻斜线。若发至对方反手拉，还可伺机侧身抢攻。

对横拍削球手，以发至中右半出台为好。因为横握拍用正手接右侧旋球不便发力，控制能力低。反手发右侧上、下旋球，应强调出手动作要快。

4. 反手发急球后抢推、抢攻

反手发急球后抢推、抢攻战术在运用时，可分以下两种情况：

（1）反手发急上旋球至对方反手后，侧身抢攻。要求急球必须发得快、力量大、线路长。最好能有一个直线急球配合。

（2）擅长反手推挡的选手，或遇到对方反手推攻较差的选手，可发急下旋后用推挡紧压对方反手再伺机侧身攻的战术。

为增加上述战术的效果，可与发右方小球配合运用，以长短互相牵制，相得益彰。

5. 下蹲发球后抢攻

可以将左侧上、下旋与右侧上、下旋球结合运用，落点上应有长短变化。对付只会用搓接发球的选手，应以发上旋为主。抢攻落点以中路为最佳，往往可直接得分。当然，还要注意灵活变化，攻击对方的弱点或声东击西。

（二）对攻战术

对攻，是进攻类打法在相互对抗时，双方利用速度、旋转、落点变化和力量轻重来控制对方，力争主动的一种重要手段。对攻战术主要是依靠左推（反手推挡、快拨）右攻或正、反手攻结合的打法，它具有快速多变的特点，达到调动、攻击对方的目的。下面探讨常用的对攻战术：

1. 压对方反手，伺机正手攻或侧身攻

（1）一般用于对付反手较弱或进攻能力不强的对手。如35届世乒赛时，匈牙利选手就用正、反手弧圈球压住中国选手的反手，乘中国选手打出较高的球后即发力猛冲。

（2）压对方反手时，可用推挡、反手攻或弧圈球。

（3）压对方反手准备侧身前，应主动制造机会，或突然加力一板、或攻压一板中路、或攻压一板大角度，尽量避免盲目侧身。

2. 压左调右

（1）适用范围：①自己反手不如对方反手时，主动变线避实就虚；②对方侧身攻的意识极强，用变其正手的方法，既可偷袭空当，又可牵制对方的侧身攻；③对付正手位攻击力不够强的选手；④自己正手好，主动变对方正手后伺机正手攻；⑤自己反手攻击力很强，可在变对方正手位时直接得分或取得主动；⑥左手执拍的选手用此战术较多，因变线的角度大，右手执拍的选手往往被动。

（2）运用此战术时，应注意的问题：①变线的这板球应有质量。如，推挡变线应凶一点，这样对方跑过去难于发力，自己侧身抢攻就容易。②避免习惯性变线，被对方适应，反遭被动。③应是主动变线，切忌被动变线，否则易给对方提供抢攻的机会。

3. 压左等右

压左等右（紧压对方反手，等着对方变线，自己用正手抢攻），多在对方采用压左调右的战术时使用。运用此战术时，压对方反手要凶些，否则对方变线较狠，自己往往被动。

以上三个战术经常结合运用。如，对方反手较弱或准备不足时，先用压对方反手的战术；但对方注意了反手，或增多了侧身攻后，就应改用变对方正手的战术。而当自己在反手位得利后（包括侧身攻），对方往往会频频变线到自己正手，此时自己又应采用压左等右的战术。

4. 调右压左

（1）运用方法：先打对方正手，将其调到正手位并被迫离台后，再打其反手位。注意，调正手位的这板球要凶，否则易遭对方攻击。

（2）适用范围：①对方左半台进攻能力较强，压对方反手位不占便宜时，如我国快攻手在对付擅长侧身抢攻（冲）的单面攻选手时常采用此战术。②对付正手位进攻能力不很强，或反手位只能近台、不擅离台的直拍快攻选手。这是目前欧洲选手对付不会反手攻球的直拍快攻手的主要战术。

5. 用加减力量压对方反手、中路后，迅速抢攻

用于对付站位中台的两面拉（攻）的选手。

运用此战术时，一般应先用加力推（攻）将对方压下去，再用减力挡将其诱上来，然后伺机加力扣杀。如果仅有减力挡，无有加力推，就容易招来被动。

6. 连压对方中路或正手，伺机抢攻

一般在下列情况下运用此战术：

（1）对方的反手攻击力较强。

（2）对方属两面拉（攻）打法，但反手强、正手弱。

（3）对方虽为两面攻选手，但遇中路球习惯于侧身攻者。如在第三届亚乒赛时，郭跃华对河野满。郭跃华先推压河野满的中路，然后抢冲反手或中路。但当河野满用侧身攻来对付中路球时，郭跃华又改为先调其正手，河野满被迫移位偏中，郭跃华再打其中路，直至获胜。

（三）拉攻战术

拉攻是进攻型打法对付削球打法的主要战术，即用拉球（包括一般拉球、小上旋和弧圈球）找机会，然后伺机突击（包括扣杀和抢冲）。具体运用时，有如下方面：

（1）拉一角为主，伺机突击自己的特长线路或中路追身。具体拉哪一角，可从两方面考虑：①选择对方削球较弱（不稳或旋转变化不强）的一面。②拉对方攻势较弱的一面。选择这样的拉球线路，既容易寻找突击的机会，又可避免（或减少）对方的反攻。突击的难度比拉球大，以自己最擅长的线路突击可以提高命中率。中路追身，是削球手的共同弱点，易出高球或直接失误。所以，突击中路又是更毒的线路。但是，突击中路的技术难度较大，应注意在平时训练中狠抓这一技术的训练。

（2）拉中路杀两角或拉两角杀中路。拉中路杀两角，是从中路找机会，然后杀两角得分。对付站位较近或控制落点较凶的削球手效果尤好。中路球，不好削，更难于削出落点很凶的球，所以，突击的机会就比较多。拉两角杀中路，是从两角找机会，然后突击中路得分（或是突击中路后，使对方削出更高的机会球，再大力扣杀两大角）。

（3）拉左杀右或拉右杀左。拉左杀右或拉右杀左两个战术实际是拉一角杀另一角。一般拉对方削球或反攻较弱的一角，杀另一角。由于拉与杀线路的变化，常使对方不适应而招来被动或失误。

（4）拉直杀斜或拉斜杀直。拉直杀斜或拉斜杀直两个战术各具特点。拉斜线，比较保险、稳健；杀直线，突然性强、速度快，但技术难度较大。拉直线，仅从线路讲技术难度较大，但拉球本身技术难度小、较稳健；杀斜线，比杀直线容易多了，命中率也高。比赛中，具体采用哪个战术，还需依对方和个人的情况而定。一般说来，拉斜杀直比拉直杀斜战术运用得多。

（5）拉长球配合拉将出台的球，伺机突击。在具体运用中，可有两种方法：①先拉长球至近对方端线处（包括小上旋和弧圈球），迫对方后退削球，再突然拉一板中路偏右的短球（将出台），使对方难以控制而削出高球，突击得分。②先拉将出台的轻球，再发力拉接近端线的长球，使对方因来不及后退而削出高球或失误。若能拉出将出台的强烈上旋的弧圈球，再配合前冲的长球，则效果更好。

（6）变化拉球的旋转，伺机突击。拉弧圈球的选手，可拉真（强烈上旋）、假（不转）及侧旋弧圈；一般拉球的选手，可拉上旋和侧旋球，用旋转的变化来增加削球的困难。如能将侧旋球拉至对方中路，则效果更好。

（7）拉搓、拉吊结合，伺机突击。运用此战术时，一定不要搓、吊过多，否则自己越搓（吊）越软，对方还会利用此机会反攻。为防对方的反攻，搓和吊球的弧线一定要低并讲究落点；一旦对方反攻后，应坚决回击好第一板，使其难于连续进攻。

（8）拉、搓、拱结合，伺机突击。拉、搓、拱结合战术多为一面使用长胶、一面使用反胶球拍的运动员在对付削球打法时运用。一般先用弧圈球（包括小上旋及一般拉球）将对方拉下台去削，然后用搓球又将其引上台来，对搓中再突然用拱球找机会，伺机发力突击。

（9）稳拉为主、伺机突击。稳拉为主、伺机突击是使用胶皮拍的直拍削球手或攻削结合打法运动员在对付削球时的一种战术。他们一拉就是十来板，然后再伺机发力攻。遇反攻能力较强的削球选手时，应慎用。

（四）削中反攻战术

1. 削转与不转球，伺机反攻

旋转变化是削球选手争取主动的关键，从目前世界乒乓球技术的发展看，没有旋转变化的削球是难以取胜的。

一般是先削加转球，使弧圈球选手难于抢冲并拉得手臂发硬后，突然送出不转球，伺机上前反攻。

在具体运用中，有时还采用削加转球至对方反手，削不转球至对方正手，伺机进行反攻的战术。还有人以连续削接近端线的不转长球为主，使对方拉球失误或自己伺机反攻。

使用不同性能球拍的削球选手应充分发挥武器的特点,不仅反手擅长倒拍削球,正手亦应掌握此项技能。著名削球手陆元盛当年使众多攻球手败北,其重要原因就是他正手的倒拍削球使对手很难适应。

2. 逼两角,伺机反攻

分先逼左角、再逼右角和先逼右角、再逼左角两种方法。对手右方攻势强的,先逼其左角;对手左方攻势强的(如擅长侧身拉攻),先逼其右角。使对方不能站定等着打。

此战术若能和旋转变化相结合则更好。如先逼对方右角,再突变其左角,配合转与不转的变化,对方在来不及侧身攻时多以搓过渡,判断不清就容易出高球或下网,削球选手可伺机反攻。

3. 接对方突击时,逢斜变直、逢直变斜

削球选手在接突击时,往往是接过去就算,结果常遭对方连续攻击,最终难免失分。为在被动中争得主动,应采用"逢直变斜、逢斜变直"的战术,使对方不能站在一个固定的位置上击球,增加了连续进攻的难度。

4. 破对方长短球的战术

(1)如对方吊的小球较高,位置也合适,削球手应果断地上前反攻。

(2)如对方吊的小球又短又低,很难反攻,可采用摆短、劈两大角或控制一板到对方攻势较弱的地方,不让其起板突击,争取自己抢攻。

(3)如果发现对方在有意实施吊小球的战术,可主动削近对方端线的不转长球。这样,对方很难再吊小球,若硬要放小球也很容易出机会球,削球手可上前攻之。

5. 攻、削、挡结合

(1)削、挡结合。①主动运用削、挡结合战术。一般是异线变化。如,先用削球连逼对方反手大角度,对方侧身拉,再突然上前挡一板至其正手空当,伺机反攻。②被动运用:在对方搓中突击、发抢攻或吊小球后打突击时,皆可在台前挡一板。既可缓解来不及后退削球的燃眉之急,又可变化击球节奏，变被动为主动。

（2）拱、挡、削结合，伺机反攻。此战术多为使用长胶球拍的直拍选手采用。在近台，用反手拱斜、直线后，伺机用正、反手抢攻；当对方轻拉时，可轻挡对方两大角（一般多挡至对方反手），对方被迫改搓或轻轻将球托起后，迅速反攻；若对方发力拉时，一般以削球回接，伺机变挡或攻。这种打法在回球的旋转、落点、力量、节奏上皆有变化，所以，往往使对方心里很不踏实。

（五）搓攻战术

搓攻战术，是进攻型打法的辅助战术之一，又是削球打法相互交锋时的主要战术之一。

（1）先搓反手大角，再变直线，伺机进攻。先搓主要用来对付反手不擅进攻的选手。先逼住对方反手大角，视其准备侧身攻或将注意力都放到了反手后，就变线至其正手，伺机抢攻。

（2）搓转与不转球后，伺机反攻。一般以先搓加转球为主，然后用相似的动作搓不转球，对方不适应或一时不慎就会将球搓高，为自己进攻创造机会。

（3）以快搓（或摆短）短球为主，配合劈两大角长球，伺机进攻。短球，特别是加转短球，对方抢攻的难度比较大，但光是短的对方又容易适应，近年来欧洲选手攻台内短球的技术有很大提高，所以，应注意用两大角长球配合。对付进攻型选手（尤其是弧圈球选手）时，应特别讲究搓球的速度和落点，并应尽量少搓，树立搓一板即攻的指导思想。

（4）搓中转快攻。①对搓中先拉一板弧圈或小上旋，迫使对方打快攻。②搓中突击：直拍正胶快攻选手，在遇到旋转不特别强烈或位置比较合适的搓球时，应大胆运用搓中突击或快点的技术，由此而转入连续进攻。③搓中变推：遇对方搓过来的不转球（包括长胶、防弧圈球拍搓过来的球），直拍进攻型选手可用推挡对之，由搓变推，转为快攻。

第二节　双打战术教学

双打是乒乓球运动中的一个重要项目，在世界乒乓球锦标赛及其他正式比赛的 7 个项目中，有 3 项是双打。1988 年国际乒联决定扩大世界杯的比赛种类，从 1999 年开始，每两年举行一届世界杯男子双打和女子双打比赛。以上事实足以说明在乒乓球比赛中双打占有重要的位置。如今，世界各国对双打项目都加倍重视和关心，并投入大量的财力、物力和人力进行研究与探索，把它作为夺取金牌的一个突破口。

双打是以单打为基础的，但它又不等同于单打，而且有自己的特殊要求。双打是依靠两个人合作进行比赛的项目，不仅要求运动员具有熟练的个人技术及良好的身体、心理素质，更重要的是要求配对的两名选手在思想上、技术上、战术上真正做到互相了解、同心协力、取长补短、融为一体，才能取胜，创造优异的成绩。此外，根据乒乓球竞赛规则的规定，双打运动员必须轮换击球，因此，运动员经常是在运动中击球，步法运用次数多，移动范围大，这对运动员的身体灵活性和步法移动能力都提出了更高的要求。

一、双打战术的比赛方法

（一）双打发球的区域规定

进行双打比赛发球时，各台区应有一条与边线平行的 3 毫米宽的白色中线，把球台划分为左、右两个相等的半区。球台的右半区是双打各方的发球区（发球时，中线应视为右半区的一部分）。根据乒乓球竞赛规则，在双打中，发球员发出的球必须首先触及本方的发球区，然后越过或绕过球网，再触及对方的发球区，否则就判失 1 分。

（二）双打发球的次序

双打的发球和单打一样，一方发完 2 个球后便由对方发球。每方运动员必须按每局开始时确立的比赛次序轮流还击，否则判失分。双打第一局开始时，由取得发球的一方（甲方）先确定发球员，再由接发球一方（乙方）任意确定谁为第一发球员。发球、接发球次序如下：

第一次 2 个球由甲 1 发球——乙 1 接发球。

第二次 2 个球由乙 1 发球——甲 2 接发球。

第三次 2 个球由甲 2 发球——乙 2 接发球。

第四次 2 个球由乙 2 发球——甲 1 接发球。

以此类推，直至该局结束，在双方比分都达到 10 分或实行轮换发球法以后，发球和接发球的次序仍然不变，每人只发一个球，直到这局比赛结束。此后，在下一局开始时应由上一局先接发球的一方先发球，先发球一方的两名队员可以任意确定谁先为第一发球员，而第一接发球员则应是上一局发给他球的那位发球员。

二、双打战术的特点与配对

（一）双打战术的特点

（1）二人并肩作战，必须互相信任、鼓励、谅解。不能光顾自己，更不能互相埋怨。

（2）在技术与战术上应充分发挥自己的优点，攻击对方的弱点；掩护同伴的缺点，为发挥同伴的优点创造条件。

（3）步法移动次数多、范围大。

（4）双打是以单打技术为基础的，但又有自己的特殊要求，所以，双打绝不是两名单打选手技术的算术之和。双打比赛时，同伴间可以互相帮助，不似单打那样孤军奋战。所以，在一般情况下，双打比赛的精神压力比单打轻，心理状态比单打稳定。但在关键时刻，双打运动员的紧张度要比单打大。因为在双打比赛时，每一个运动员在场上要注意三个人，一是攻击自己的人；另一个是被自己攻击的人；再一个是自己的同伴。双打比赛的比分起伏比单打大。因为两人运用一个战术，如在某一轮配对或某一环节上不顺手时，常会出现比分的连胜连负、大起大落的现象。这在男女混合双打中尤为多见。

（5）台面的右半区，规定为双打的发球区，所以，双打的发球不如单打威胁大；双打的接发球却比单打有利。

（二）双打战术的配对

1. 双打战术的配对原则

选配好参加双打的运动员是夺取双打比赛胜利的重要条件之一。双打配对的基本原则是：第一，两人感情融洽，具有团结、协作精神；第二，两人在技术与战术上应各有特长和优势，在比赛中互相配合，互相弥补；第三，两人站位合理，步法好，移动迅速，前4板打得好。

2. 双打战术的配对方法

常见的双打配对方法具体如下：

（1）一名右手执拍攻球和一名左手执拍攻球手配对，这种配对能充分发挥正手在左、右位置上的进攻威力，缩小移动范围。

（2）两名两面攻或两面拉的选手配对，这种配对能充分发挥全台都能进攻的威力，而且照顾台面范围大。

（3）一名两面攻的选手和一名左推右攻为主的选手配对，这种配对可以充分发挥快攻的威力，加强主动进攻。

（4）一名中远台弧圈球选手和一名近台快攻选手配对，这种配对站位一前一后，一转一快，前者在稍远的位置拉弧圈球为同伴创造机会，后者可充分发挥攻势。

（5）一名使用两面性能不同球拍的选手和一名近台快攻为主的选手配对，这种配对可以充分发挥旋转、节奏、速度变换的特点，使选手难以适应，以创造更多的进攻机会。

三、双打战术的技巧

双打技术是建立在单打技术基础上的,双打应具备的基本技术大多与单打相同。但由于双打比赛在竞赛规则上与单打存在不同,这就使双打在技术上有它独特的地方。下面简单分析主要的双打技巧:

(一)双打的站位

双打中运动员的让位、移动、击球和站位有着密切的联系。站位合理,让位方便,移动迅速,击球效果好,利于发挥每个人的特点。站位不合理,会妨碍同伴击球甚至造成相互冲撞。

1. 发球员及同伴的站位

(1)平行站位,主要为进攻型运动员发球时采用。发球员站位偏右,让出 3/4 的位置给同伴,并站位近台。

(2)前后站位,主要为削攻型运动员发球时采用。发球员站位偏右略前,其同伴站位居中稍后。

2. 接球员及同伴的站位

(1)平行站位,主要为一左一右执拍的进攻型运动员接发球时采用。接球员近台偏右站立,让出 3/4 的位置给同伴控制台面,做好还击的准备。进攻型运动员用反手接发球时,也应以平行站位为宜。

(2)前后站位。①进攻型运动员用正手接发球时采用。接球员站于近台偏中位置,以利于正手进攻,其同伴略后错位站立。②削攻型运动员用正手或反手接发球时均应采用。接球员站于中近台偏右位置,其同伴略后错位站立。

(二)双打的步法移动

双打的步法移动次数多,范围大,而且要快速、灵活。其基本要求是:

①击球后迅速移位,避免对方打追身球;②位移时不能妨碍同伴击球;③位移后尽量接近击球时最有利的位置。下面分析常见的双打步法移动路线:

(1)八字形移动路线。左、右手握拍配对的运动员多采用此移动方法。两人击球后均向自己反手一侧斜线移动。

(2)环行移动路线。两名右手执拍的运动员配对时多采用此移动方法。一人击球后顺势向右后方移动,绕到同伴身后,等同伴沿斜线插上击球时,及时调整站位,准备击下一板球。

(3)T字形移动路线。快攻与削攻打法的配对、快攻与弧圈球打法的配对、两个削攻打法的配对、左推右攻与中远台攻打法的配对多采用此移动方法。其中近台选手多以左右横向移动为主,远台选手多以前后移动为主。

(4)8字形移动路线。当对方有意识地针对本方某一名选手交叉击打两角时,其移动路线多呈横8字形。

以上所述的只是双打步法移动的几种基本移动路线,实战中必须根据临场的各种变化和来球情况灵活运用。

(三)双打发球与接发球

1. 双打发球

因为发球区固定,接发球者可以站好位置等待,这对发球提出了更高的要求。发球时,应利用高质量的发球争取直接得分,或控制对方第一板抢攻,使发球有利于自己的同伴进攻。常用的发球方法有以下方面:

(1)发接近中线的近网短球(以加转下旋或侧下旋球为主,配合不转球)以控制对方。但接发球者为左手执拍时,应发右边线近网短球。

(2)发右侧上(下)旋球迫使对方把球回到球台偏左(或中间)处,以缩小同伴移动击球的范围。

(3)发急长球至对方右大角或近中线位,迫使对方移位,增大接球难度,降低其回球质量。

2. 双打接发球

双打接发球所运用的技术跟单打一样，有推、攻、拉、搓、削、点、摆短、撇等。因发球区的限制，接发球是在球台右方 1/2 的位置上进行的，难度要比单打小，而且需要照顾的范围也小，因而接发球应特别强调积极主动，力争抢攻或为同伴创造抢攻机会。常用的接发球的方法有以下方面：

（1）抓住时机，直接抢攻或进攻。

（2）将球回至对方弱点处，限制其进攻。

（3）以打对方右角空当斜线或回近网短球为主，打乱对方位置，造成击球困难。

（4）以打追身球和反手斜线为主，结合回近网短球，控制对方，为同伴创造进攻机会。

四、双打的常用战术

双打的战术与单打基本相同。但由于双打是 4 人在运动中依次击球，球的来回次数不如单打多，所以，应突出先发制人、力争主动的战术思想。双打战术的运用必须根据两位选手的风格、技术特点来确定，尽量充分发挥配对者各自的优势和特长。以下是常用的基本战术：

（1）发球抢攻战术。发球者以发侧上、下旋或转与不转的近网短球为主，配合发长球至对方的右大角和中路稍偏右处。要求发球要短、旋转变化要大、动作要逼真，并通过暗示及时传递给同伴。抢攻者有意识地根据回球的落点、长短及旋转进行有目的的、有准备的抢攻，击球用力大小、速度快慢、旋转强弱应根据来球加以调节。

双打的发球应出手快、弧度低，落点以近网或似出台而未出台且接近中线的球为好，以抑制对方接发球抢攻，为本方队员抢攻创造机会。对付进攻型或弧圈型打法的选手，应以发侧上、侧下旋转或转与不转的近网球为主，配合发急球至对方右大角或中线偏右处，伺机抢攻、抢冲。对付削球型打法的选手，以发侧上旋、急下旋长球为主，配合各种近网短球，伺机抢攻、抢冲。抢攻时要做好准备：一是发力抢攻或抢冲；二是对方接过来的球难于抢攻时，不要盲目拼杀，可用其他技术积极过渡一板，为同伴创造下一板抢攻的机会。

运用此战术时必须注意和同伴的配合，可用手势暗示同伴发球的种类和落点，以争取发球抢攻战术的成功。

（2）接发球抢攻战术。在判断清楚来球的旋转方向、速度、落点时，果断抢攻，主要是攻击对方空当。遇长球用快攻或快拉回击；遇短球，以快点为主，配合摆短或撇一板。如对方发球质量很高，不能直接抢攻时可变化接发球手段，控制好弧线和落点，避免因盲目硬攻造成失误。

（3）交叉攻两角，伺机扣杀空当。迫使对方在左右移动中造成紊乱，再攻击对方空当。

（4）紧逼追身，扣杀两角。使球追击对方队员的身体（如甲1击球过来，乙方就专门向甲1的身体方向打），使其让位困难和被动，伺机扣杀两角。

（5）连续攻击一角，再突袭另一角。一般先连续攻击对方较弱的一角，迫使对方两人挤到一起，再伺机攻击相反一角。

（6）控制强手，主攻弱手。由于双打比赛中配对的选手在技术上和攻击力量上都有一定差异，因此，对强手应加以控制，使其难以发挥技术特长，而把弱手作为重点攻击对象，力求在弱手身上直接得分或取得进攻的机会。

五、双打战术的教学方法

双打的教学，旨在使学生了解双打在乒乓球竞赛中的重要性及其健身娱乐价值；掌握双打的基本理论知识、基本技术、战术和基本技能；培养学生团结友爱，相互帮助的精神。

（一）双打教学的顺序

（1）讲解双打的比赛方法和竞赛规则。

（2）根据学生的具体情况和个人技术特点进行合理的配对。

（3）学习双打站位、步法移动的基本方法。

（4）学习双打发球和接发球一般常用的技术。

（5）学习双打的基本战术，并与教学比赛相结合，提高学生运用技术、战术的能力。

（二）双打练习的方法

（1）站位、步法移动练习。

（2）限制左或右半台区的练习：双方将球回到对方左半台或右半台一点，进行各种击球和步法移动练习。

（3）一人陪两人练习，借以增加回击球的次数，更好地提高步法移动的灵活性。

（4）以一方为主的发球和发球抢攻练习。

（5）以一方为主的接发球和接发球抢攻练习。

（6）半台对全台的击球练习。

（7）全台对全台的击球练习。

（8）在移动中控制击球路线、落点的专门练习。

（9）单个技术配合练习。

（10）教学比赛中进行技术、战术综合练习。

六、双打教学的注意事项

（1）加强思想教育，培养相互帮助、相互鼓励、团结协作的优良作风。

（2）加强步法移动灵活性的训练，提高移动中击球的稳定性及控球能力。

（3）注意加强发球和接发球的训练，提高发球质量及接发球抢攻的能力。

第三节 赛事中的技战术分析

一、赛前工作

临近大赛前,运动员的心情一般都比较紧张,思想活动也比较多。因此,作好赛前的思想工作是十分必要的。

(一)正确分析形势,初步确定人选

1. 分析团体赛形势

(1)在抽签结果公布前,先对当前世界(或全国)的整个形势做一粗略的分析,明确自己最主要的对手有哪几个国家或地区,它们的成员和技术情况怎样。

(2)在抽签结果公布后,应发动运动员(尤其是优秀运动员)对比赛的形势做出更细致、具体的分析。首先对同组的各队实力排排队,然后再对下阶段的比赛形势做出估计,把那些对自己威胁较大的队列为重点研究对象,逐队逐人进行分析,进而讨论和决定自己的初步人选。对特别重要的关键场次,应有 1~2 个人选方案。

(3)比赛开始后,应进一步对主要对手进行观察,并依比赛的进展,不断对比赛形势做出更确切的估计和判断。

2. 估计单项比赛形势

单项比赛,一般采用淘汰赛的方法,运动员分布在不同区域,每区参赛人数较多,这就增加了对比赛形势分析的困难。教练员一方面应在赛前有个大致的估计,对那些重点对手进行必要的准备;另一方面还必须根据比赛的进展情况做出新的估计和判断,进而制定出更加明确的策略。

（二）制定作战方案

（1）充分利用资料，认真分析对手的技术、战术和心理特点。资料包括录像、电影、以往比赛的总结、对手的技术档案等。

（2）发动群众，反复研究，最后确定作战方案：一般先由运动员个人准备，再由教练员组织讨论。应多设想比赛中可能出现的困难，分别定出相应措施，最好多作几手准备。

（3）比赛开始后，应组织专人有计划、有目的地对重点选手做进一步的侦察，使作战方案更切实际。

（三）赛前的训练

赛前训练的目的，是使运动员对即将开始的比赛更加适应。常用的方法有以下方面：

（1）按既定的作战方案，进行有针对性的训练，有意识地选择与未来比赛对手打法相近的队员进行练习和比赛。

（2）训练时间应在上午、下午和晚上都有安排，以适应将来比赛的需要。

（3）每天训练都应有一定时间的记分比赛，每周应安排 1~2 次全队性比赛。临近大赛前一个月左右，应组织 1~2 次较大规模的公开赛，比赛方法、设备器材最好与将举行的大赛相同。赛后应认真总结。

（4）应特别注意对运动员竞技状态的培养，运动负荷需进行必要的调整，负荷量不宜太大。要注意防止运动员受伤。

（5）到达比赛地点后，应按大会规定，做好适应比赛场地的练习。如果比赛场地不只一处，最好能到每个场地都去练习，当客观条件不允许时，应到各场地观看。

二、赛中工作

（一）开好准备会

（1）决定出场人选。出场人选，因赛前已有研究，如比赛开始后无变化，即要坚持原来决定；如有新情况发生（包括对方和自己两方面），则必须对原决定作出适当调整。对关键场次人选的确定，应持慎重态度。一定要考虑双方运动员的诸方面情况，既要重视平时的表现，又要特别注意开赛后的变化（竞技状态如何，情绪怎样）。不要迷信运动员过去的成绩而无视他临场的表现，也不要因偶尔一场比赛的失利就动摇对他的全面估价。

（2）确定出场阵容。教练员应把对方排阵的可能性与我方排阵的多种方案都提出来，请运动员参加讨论，广泛征求意见后，再作最后决定。在讨论会上，应尽量避免过多地议论运动员的缺点，以免影响他们的信心。

（3）明确战术指导思想和具体战术。对于赛前已作过较充分准备的场次，可由教练员和运动员先介绍了解到的新情况，再由运动员扼要地谈他修改了的作战方案，经大家补充后，最后由教练员明确提出比赛的战术指导思想和具体战术。对于一些在赛前尚未充分研究的场次，或根据最新情况需对原作战方案进行较大变更时，可由教练员或决定上场的运动员先谈出具体的战术方案，然后请大家发表意见，最后提出几条明确的战术要求。

（4）单项比赛的准备会。一般场次比赛的准备会，可由教练员和运动员以交谈的方式进行即可。重要场次的比赛，需邀请有关人员召开专门的准备会。

（5）准备会的时间要短，应在已有具体方案的基础上召开，防止冗长的议论。

（二）做好临场指导

在激烈、紧张的比赛中，教练员若能和运动员配合好，往往会对胜利起到很重要的作用。

1. 对临场指导的要求

（1）头脑清醒、态度沉着、表情坚定，不为场上的一球一分所左右，使运动员从教练员那里得到信任、鼓励与信心。

（2）发现问题迅速、准确；解决问题时果断、大胆。

（3）语言必须简洁。

（4）正确处理与运动员的分歧意见。当教练员的意见与运动员有分歧时，应允许运动员随机应变，以避免运动员因思想混乱而贻误战机。

2. 临场指导的内容

（1）战术指导思想或基本打法是否正确，如：两强相遇，必须坚持积极主动的原则，力争抢攻在先；不能抢攻时，必须加以控制。又如：对方擅打快攻，若一开赛就发急球打快攻，必然被动；可先从下旋球打起，再拉起来转为对攻。

（2）指导思想已定，具体的战术。①发什么球、什么旋转、什么落点、主要发球与辅助发球的配合等。②接发球：对方擅长哪种发球抢攻（擅长搓接后抢攻，还是拉接后抢攻），要找到哪些位置是对方最擅长和不擅长抢攻的落点，如果用某种方法接发球后，频频被对方抢攻，则必须改变接发球的方法。③在相持对打中，如何贯彻执行既定的战术。如：已形成推攻局面，是先"调右压左"，还是"压左调右"，二者如何配合，若采用压对方反手后侧身攻的战术，这侧身前的一板是压反手大角好，还是压中路好。又如：自己抢攻落点，要确认打对方反手，还是正手，一般规律是：对方站位近台时，抢攻其正手或中路好；对方离台后，先攻其反手，再调正手大角为好。

（3）对特殊球的处理。有些球处理不好，会影响全局，所以，必须授以对策。如：某个发球总接不好，就必须告诉他接此球的方法。

（4）加强对运动员的心理指导。运动员在比赛中的心理变化是很复杂的，必须采取实事求是的态度，在比分领先、落后、相持时，不同的选手可能产生不同的心理反应。而同一选手因比赛规模不同、对手不同，也会产生不同的心理反应。

3.及时做好比赛小结

一次（或一场）比赛后，无论胜负都要及时小结，小结的形式和时间可依具体情况而定。通过小结，树立正确的胜负观，及时总结经验教训，以利今后再战，善于从胜利中找不足。

三、赛后工作

（一）认真总结

（1）端正态度：充分认识总结的重要性。总结，是将丰富的感性知识上升为理性知识的过程，是不断深入揭示乒乓球运动内部规律的过程。我国乒乓队历来十分重视赛后的总结工作，正因为此，才促使我们的认识水平不断提高，我们的训练工作不断取得进步。

（2）指导思想：一定要以辩证法为指导思想，反对形而上学。通过总结，应总结出方向、总结出方法、总结出干劲、总结出团结。

（3）总结方法：应采用运动员、教练员和领队三结合的方法。一般先由个人进行总结，然后在此基础上，通过民主讨论，再由教练员作全队的总结。

（二）及时做好赛后的思想工作

善于捕捉因比赛结果而产生的各种思想苗头。胜利，可成为继续前进的动力和起点，也可成为前进的绊脚石；失败，可使人一蹶不振，但也可成为成功之母。此时的思想工作具有重要的作用。

对于在比赛或训练中做出较大贡献的同志，应予以表彰和奖励。对于比赛中表现的不足，应实事求是地指出，并帮助他们认清努力方向。提倡开展批评和自我批评。大赛后，应充分利用可能的恢复手段，使运动员在生理和心理上能得到较好的恢复。

第六章

乒乓球运动的保健教学

第一节 乒乓球运动的健身价值

一、乒乓球运动对人体健康的作用

（一）提高心理素质

乒乓球运动又是竞技项目，对抗较激烈，比分更改速度快，运动员情绪状态非常复杂。经常经受这些变幻莫测、胜负难料的激烈竞争的锻炼，同时在比赛中要对对方战术意图进行揣摩，因此，练习者的心理素质会得到很好的锻炼。

（二）提高神经系统的灵活性

乒乓球在空中飞行速度比较快，如正手攻球只需 0.15 秒就可到达对方台面，在这短暂的时间内，要求运动员对高速运动的来球方向、落点、旋转、力量等因素进行全面观察并判断，及时采取对策，调整击球方向与拍面角度，进行合理还击。经常从事乒乓球运动，可提高神经系统的反应速度。乒乓球是以重复练习为主的运动，次数的增加能使大脑及全身神经系统得到刺激锻炼，提高神经工作过程的强度、灵活性和神经细胞工作的持久性，使神经细胞得到充足的能量物质和氧气供应，从而使大脑及神经系统在紧张工作过程中获得充分的能量物质。

（三）促进人体骨骼生长

体育运动负荷会直接或间接作用于骨，使骨产生适应性改变。骨的应变有一个范围，当应变低于某下限时，骨质量将丢失；当应变超过上限时，骨质量将增加；应变在上、下限之间时，骨质量将稳定在一定的水平。体育锻炼有助于延缓骨质量丢失，通过对骨的适宜刺激，为达到人一生中较高的骨质量奠定坚实基础。乒乓球运动通过动作重复，很容易给骨骼带来不断的刺激，促进其生长。运动负荷会促进骨蛋白合成，逐渐增加骨质总量，使骨盐沉淀保留、骨质增厚、骨骼融合；能使维生素D增加，从而促进钙质吸收，减少骨质丢失，促进其生成。如有效利用乒乓球运动中负荷量较大但可以承受的技术练习，可使某些与骨代谢有关的激素或物质发生变化，影响某些局部调节因子，使骨质得以增加，骨骼更为坚固、健康。

（四）改善心血管系统与呼吸系统的功能

经常参加乒乓球运动，可以使心血管系统的结构和机能得到改善，心肌变得发达有力，心容量加大，每搏输出量增多。心搏徐缓和血压降低，提高心脏工作效率，有利于身体的新陈代谢，提高整个身体机能水平。作为血液循环发动机的心脏，在练习过程中要为肌肉输送大量的血液，从而使心脏的功能得到提高。在乒乓球练习过程中，心率一般在145～155次/分钟，在这一强度坚持较长时间运动，能够提高呼吸系统的换氧功能，增加肺的容量和通气量，提高肺部功能，促进体质增强。同时，乒乓球运动能增强呼吸肌的力量和耐久力，进而提高呼吸系统的功能；由于增强了呼吸肌的力量，扩大了胸廓的活动范围，使充满气体的肺泡增多，肺活量增大。肺活量的增大反映肺储备能力的增强。

二、乒乓球运动对视力的作用

一般而言，视力正常人的眼睛在观看6米以外的物体时，远处物体发来的光线可以认为是平光。这种平行光经过折光系统的折射后，不需要晶状体做任何的调整，就可以聚焦在视网膜上，形成清晰的物像。因此在看6米以外的物体时，睫状肌处于完全放松的状态。而看6米以内进出的物体时，由于物体发来的光是散射光，如果不经过睫状肌的调节，物像就会聚焦在视网膜后，不能看清物体，故必须通过睫状肌的收缩，使晶状体凸度增大才能使得近处的物体聚焦在视网膜上，形成清晰的物像。在绝大多数情况下，过长时间用眼、看书距离太近、光线不足等造成睫状肌长时间持续收缩，使其过度紧张和疲劳，正常的放松和舒张能力下降，晶状体凸度增大而无法恢复至正常水平，造成看远物时物像模糊不清，从而形成近视。可见，睫状肌长时间持续收缩，使其过度紧张和疲劳，正常的放松和舒张能力下降，是诱发近视的最根本原因。

长期以来，由于学生学习负担较重，近视率呈上升趋势。眼睛看书时距离书本太近以及长时间看静止的物体，如书本、电脑屏幕、电视等是导致睫状肌疲劳进而诱发学生近视的最重要因素；其次为不良的用眼习惯及不合理的光环境。由此可见，改变学生长时间看近物和静止物体的用眼习惯是预防学生近视的关键。

乒乓球运动的特点是在大多数情况下乒乓球都处于高速运动中，并且每个球的长短、高低、旋转、速度各不相同、千变万化。因此，乒乓球与练习者之间的位置关系也不断地发生变化。乒乓球台长度为2.74米，对方击球时，乒乓球距离击球者的眼睛一般情况下至少为3米。在中远台对拉时，球与击球者眼睛的距离甚至可达七八米以上。而在击球者自己击球时，乒乓球与击球者的眼睛之间只有几十厘米的距离。击球过程中，击球者的眼睛必须紧盯来球，力争对来球做出正确的判断。这就导致练习者的眼睛在几米和几十厘米远的物体的状态下不断交换，从而使睫状肌的收缩和舒张不断交替进行。

无论是练习或比赛，每一个球或每一分球，在回合较多时，击球者的眼睛就可能经过十几次甚至几十次视远物和视近物的交替。这对改善睫状肌的收缩和舒张能力是一种非常有效的锻炼，从而在一定程度上预防了近视，改善了视力。就学生近视而言，受遗传因素影响，大部分是眼睛睫状肌的收缩和舒张的调节能力的失调造成的，因此，乒乓球运动是通过调节睫状肌的这一功能来改善视力的。近视的学生可以通过长期的乒乓球练习改善视力。

第二节　乒乓球运动的疲劳与恢复

一、乒乓球运动疲劳的产生

乒乓球运动是以速度、爆发力、灵敏等为主的有氧代谢和非周期性的运动项目。以技术训练为核心，技术战术训练为重点，技术与战术训练紧密结合，没有明确的区分。身体训练以专项素质训练为主。乒乓球运动是技能、体能、智能有机结合密不可分且高速度、强对抗的隔网比赛项目。由于乒乓球在空中飞行速度比较快，正手攻球只需 0.15 秒就可到达对方台面。在这短暂的时间内，要求运动员对高速运动的来球方向、落点、旋转、力量等因素进行全面观察并做出判断，及时采取对策，调整击球位置与拍面角度，进行合理还击。从能量代谢的角度看，乒乓球运动主要发展的是糖酵解系统，这时乳酸会大量积累引起运动员疲劳，因此在运动训练中易产生疲劳。

乒乓球运动是以弧线、速度、旋转、力量、落点和节奏构成的一项技术与体能加智力的复杂运动，归纳起来乒乓球运动产生疲劳的主要部位有以下方面：

（1）肌肉疲劳。肌肉收缩时间和松弛时间延长，肌肉随意收缩能力降低，肌力下降，肌肉出现僵硬，肿胀疼痛等，尤其以肩腰部负荷过重最明显。据有关学者统计，一名乒乓球运动员平均每天挥拍3 000～4 000次，有的甚至达10 000多次。

（2）内脏疲劳。随着乒乓球技术的发展，体能消耗增大。平均训练时脉搏18～32次/10秒，血压140～150/50～70毫米汞柱；在多球训练中，脉搏可达33～40次/10秒，血压可达200～250/140～100毫米汞柱；夏训时，一堂课体重可下降2～3kg；据统计每次训练击球3000～10000次，每次击球移动距离1.5米，每次训练要移动5 000～15 000米。因此乒乓球运动致心脏疲劳时，先受影响的是心输出量，收缩压下降，舒张压上升，脉压减少，心电图发生改变，心律异常。呼吸疲劳时气体交换能力下降。

（3）神经疲劳。表现为大脑皮层机能低下，"兴奋—抑制"过程平衡失调，如反应迟钝、判断失误、记忆力减退、注意力不集中或情绪激动、难以入眠或失眠等。这是乒乓球运动员最主要的疲劳现象。

（4）心理疲劳。心理疲劳的表现往往与神经疲劳难以区别，但实际上确实存在着心理疲劳，有些现象从行为心理学方面来理解可能更容易些，其主要表现为感觉、知觉、记忆、思维、个性等方面发生改变。

二、乒乓球运动中疲劳的恢复

体育运动结束后，人体的各种机能活动仍处于较运动前高的水平，必须经过一定时间才能逐渐恢复至原来水平，这一变化过程即为恢复过程。但是各种机能并不是在运动结束后才开始恢复性的变化，实际上运动员在运动时，随着能量物质分解后再合成就具有开始恢复的活动，只不过此时各组织细胞中的消耗（分解）超过了恢复（再合成），能量物质来不及完全复原，存在着过量消耗，代谢产物不能完全消除，只有当运动结束后，强烈的消耗中止，合成过程超过分解过程，人体才能逐渐完全恢复。因此，运动的恢复过程和运动训练一样重要，只有在恢复后再训练，才能取得对机体训练的效果，提高机体的训练水平。如果每次训练或比赛期间恢复得不完全，继续进行激烈的身体活动，就会使疲劳连续积累引起一系列功能紊乱或病理状态，即过度疲劳。

在运动时被消耗的物质不仅能恢复到原来水平，而且在一段时间内还出现超过原有水平的情况，称为超量恢复。超量恢复保持一段时间后又回到原来的水平，在该阶段进行下一次训练，能获得最好的训练效果。在运动时产生的疲劳是一种暂时的现象，只要根据疲劳产生的机理和疲劳的分类及时地采取消除疲劳的措施，就能促进训练能力的恢复，提高运动水平。

恢复过程一般分为三个阶段：运动过程中的恢复阶段；运动后的恢复阶段；超量恢复阶段，运动时，肌肉活动的剧烈程度和运动量大小，与这三个阶段的发生与发展有密切的关系。乒乓球运动中疲劳的恢复手段主要有以下方面：

（1）合理补充营养。针对运动中引起疲劳的原因，合理的补充营养物质，可以改善运动员体能反应，维持身体内环境稳定，有助于消除疲劳，恢复体力。除了补充糖、水分及电解质外，常用的抗疲劳物质还有碱性盐类、酸性盐类、强壮食品等。

（2）整理活动。整理活动是消除疲劳，促进体力恢复的一种良好方法。整理活动应包括慢跑、呼吸体操及各肌群的伸展练习。运动后做伸展练习可消除肌肉痉挛，改善肌肉血液循环，对预防运动损伤发生也有良好作用。

（3）活动性休息。整理活动之后，提倡进行活动性休息，如散步、慢跑、变换活动部位的其他轻微运动等，有助于全身血液循环，加速乳酸的消除。

（4）睡眠。睡眠是消除疲劳、恢复体力的好方式。睡眠时大脑皮层的兴奋过程降低，体内分解代谢处于最低水平，而合成代谢过程则相对较高，有利于体内能量的蓄积。成年运动员在平时训练期间，每天应有 8~9 小时的睡眠。在大运动量和比赛期间，睡眠时间应适当延长。

（5）消除肌肉迟发性酸痛的持续静力牵张练习。对肌肉进行牵拉前后肌电图测定，可以发现牵拉开始时肌肉放电显著，说明肌肉疲劳后处于痉挛状态。当牵拉至适宜限度，则出现电静息状态，痉挛得到缓解。因此，采用牵拉练习可以放松肌肉，缓解酸痛。

（6）浴疗法。第一，温水浴。训练后进行温水浴是最简单易行的消除疲劳的方法。温水浴可促进全身的血液循环，加强新陈代谢，有利于机体内营养物质的运输和疲劳物质的排除。第二，桑拿浴。桑拿浴是在特制的小木屋内用电炉加热空气，形成一个高温干燥的环境。除有镇静、使肌肉关节组织充血和放松作用外，还可促使大量排汗，体重下降。第三，蒸汽浴。这是将蒸气通入特制小屋或关闭的房间内，形成一个高温、高湿的环境，其作用与桑拿浴类似。第四，涡流浴。像洗衣机一样搅动，强度可以调节，形成明显的水温与水流冲动刺激，又可称为水按摩。第五，脉冲式水力按摩浴。在特殊澡盆内与肢体躯干部位相对应处设置多个喷头，水的压力可达3个大气压，能选择强度及部位，对需要放松的肌肉自动喷射。

（7）吸氧、空气负离子疗法、体外反搏。第一，吸氧。利用高压氧舱，在2～2.5个标准大气压下，吸入高压氧的效果已得到初步证实。高压氧可使血氧含量增加，血液二氧化碳浓度下降，pH值上升，提高组织氧的储备量，对训练引起的极度疲劳、肌肉酸痛、僵硬、酸碱平衡失调等疗效明显。第二，空气负离子疗法。海滨、瀑布、旷野之所以空气新鲜，令人心旷神怡，是因为那儿空气中负氧离子多。进入呼吸道的空气离子，通过神经反射，可调节大脑皮层功能，振奋精神，改善睡眠，刺激造血机能，有助于消除疲劳。第三，体外反搏。体外反搏是一种无创伤性辅助循环的方法。临床使用证明：体外反搏对运动员消除疲劳，尤其是消除肢体肌肉疲劳有良好效果，即通过肢体血液回流速度和灌注量，加强肌肉营养，加速代谢产物的清除率。

（8）理疗。利用光疗、电疗、磁疗、蜡疗等作用于局部或整体，可促进血液循环，加速疲劳消除和机能恢复，同时具有治疗损伤的作用。

（9）针灸疗法。对疲劳的肌肉可进行阿是穴针灸，全身疲劳可扎强壮穴足三里。全身疲劳还可用耳穴压丸法，能获得很好效果。

（10）拔罐疗法。拔罐法常用于局部严重疲劳并伴有损伤者。通过拔罐时局部负压作用，使组织内的淤血散于体表，有助于组织代谢产物的吸收和排泄，使疲劳消除。

（11）按摩。按摩是消除疲劳的重要手段。其中人工按摩最受运动员的欢迎。现在已发展各种代替人力的按摩方法，如器械按摩、气压按摩、水力按摩等。

（12）心理恢复放松训练。主要利用自我暗示、放松训练、生物反馈、气功等手段进行自我恢复。还可利用运动员的业余爱好，丰富其文化生活来转移精神紧张。

（13）音乐疗法。音乐对消除疲劳有神奇的作用。音乐可以缓解中枢神经系统的疲劳，具有调节呼吸、循环系统和肌肉的功能，音乐还有镇静、镇痛、改善注意力的作用。

第三节　乒乓球运动损伤及其预防

一、乒乓球运动损伤分析

乒乓球运动损伤是指在乒乓球体育运动过程中所发生的各种损伤，它的发生与运动训练安排、运动项目、技术动作、训练水平、运动环境与条件等因素有关。在乒乓球运动训练与比赛过程中，应该针对这些损伤产生的风险做好防护工作。对于乒乓球练习者而言，运动损伤影响着运动成绩的发挥，严重者会提前结束运动生涯。因此，对乒乓球运动损伤应给予足够的重视，预防运动损伤的发生、对已有的损伤进行及时的治疗和康复是十分必要的。

（一）乒乓球运动损伤的类型划分

1. 依据乒乓球运动损伤的程度划分

（1）轻度损伤：伤后能够按照训练计划继续训练的损伤。

（2）中度损伤：伤后不能按照训练计划继续训练，必须停止或减少患部训练的损伤。

（3）重度损伤：完全不能训练的重伤。

2. 依据乒乓球运动损伤缓急的时间划分

（1）急性损伤：损伤发生时间在三天至两周（根据损伤程度可能延长）的损伤称为急性运动损伤。

（2）慢性损伤：因急性损伤处理不当，损伤迁延不愈转变为慢性损伤，或者因局部长期负荷过度，由反复微损伤积累而成的损伤称为慢性损伤。

3. 依据乒乓球运动技术与训练的关系划分

（1）运动技术损伤：与乒乓球运动技术特点密切相关的损伤，如网球肘、足球踝、短跑腿、跳跃膝等。

（2）非运动技术损伤：多为意外损伤，如骨折、脱位、胸腹部内脏损伤等。

4. 依据运动损伤后皮肤或黏膜的完整性划分

（1）开放性损伤：伤部皮肤或黏膜破裂，创口与外界相通，有组织液渗出、血液自创口流出的损伤，如擦伤、撕裂伤、割伤、刺伤、开放性骨折等。

（2）闭合性损伤：伤部皮肤或黏膜完整，无创口与外界相通的损伤，如挫伤、挤压伤、扭伤、关节脱位、闭合性骨折等。

5. 依据运动损伤的组织结构划分

（1）软组织损伤：包括皮肤、肌肉、肌腱、腱鞘、韧带、滑囊损伤等。

（2）关节软骨损伤：包括关节软骨、骨骺软骨、创伤性关节病。

（3）骨组织损伤：包括疲劳骨折、疲劳性骨膜炎、撕脱骨折、螺旋骨折等。

（4）神经组织损伤：包括周围神经牵拉、压迫损伤等。

（5）其他损伤：包括颅脑损伤、内脏器官损伤等。

（二）乒乓球运动损伤的特征

乒乓球运动是一项速度快、变化多、动作结构复杂、竞争激烈的运动。以快、转、准、狠、变为制胜因素，属于技能主导类隔网对抗性项群。国际乒乓球联合会自2000年起陆续推出了40毫米大球、11分赛制和无遮挡发球等改革措施，特别是乒乓球由小球改大球后，使球的旋转和速度下降，力量素质在乒乓球比赛中的重要性增加，同时柔韧、灵敏、速度、耐力在乒乓球比赛中起着非常重要的作用。

1. 不同类别乒乓球运动员的运动损伤特征

乒乓球专业运动员：训练时间长，技术难度较高，训练密度和强度较大。因为运动强度大，代谢旺盛，组织内乳酸大量堆积，使韧带的伸展性、肌肉的弹性、肌群的协调性、关节的灵活性均不同程度地发生改变甚至减弱，再加上准备运动不充分、运动量安排不合理、运动后放松不够，以及教练员对科学训练手段及掌握运动员生理负荷的极限等问题尚缺乏应有的知识，所以易受伤。

体育学院乒乓球专项运动员：训练时间较专业运动员短，技术难度、密度和强度较专业运动员低。运动损伤的发生原因，首先，学生原有的劳损和陈旧性损伤，入学训练后复发；其次，在其他课堂上出现了乒乓球运动常见部位的隐性损伤，随着乒乓球专选课的动作刺激而使隐性损伤加重呈现；最后，部分学生认为乒乓球课运动量不大，没有正确对待准备活动，也是运动损伤的原因之一。

2. 乒乓球运动损伤的主要部位

乒乓球运动损伤中腰部的损伤较多，腰部在乒乓球运动中易损伤的原因有以下方面：第一，乒乓球运动几乎每个技术动作都离不开腰这个枢纽，小到正反手发球，大到正反手攻球和拉弧圈球，都需要腰部发力。第二，在乒乓球运动中，人体要始终保持上体前倾的状态，此时后方的棘上韧带始终保持紧张的状态，骶棘肌也长时间处于收缩紧张状态，许多运动员在运动结束后又不注意放松腰骶部，致使局部过度疲劳，积劳成损。第三，在乒乓球运动前，准备活动不充分，未能克服腰部周围肌肉群的惰性，浅层运动肌和深层稳定肌激活不够或者不同步，腰椎稳定性下降，从而造成腰部运动损伤。第四，在拉弧圈球时两侧腰部肌肉不能协调一致，握拍手同侧腰部的肌肉负荷很大，而对侧的腰部肌肉处于相对松弛状态，因腰部肌肉力量不平衡而出现腰部扭伤。

乒乓球运动损伤中膝关节损伤次于腰部的损伤，膝关节损伤的高发率与乒乓球运动的特点及膝关节的生理解剖特点密不可分。在乒乓球运动中，膝关节始终处于半屈位，由于不能依靠骨性结构稳定，只能靠肌肉韧带固定，关节处在一种相对不稳定的状态，膝关节在半屈状态下的反复蹬伸发力、变向扭转等都会使膝关节软骨承受很大压力。而乒乓球运动的特点要求运动员不停地跑动，在击球动作时要求身体重心不停地转换，腿部不停地做内、外旋，膝关节不停地承受着向两侧用力，在膝关节不稳、保护装置力量薄弱的情况下，很容易造成膝关节的运动损伤。

在乒乓球运动中，肩关节也是极易损伤的部位。肩关节由大而圆的肱骨头与小而浅的肩胛盂构成，关节囊松弛、韧带薄弱，具有较大的灵活性，但关节稳定性较差。乒乓球运动员肩关节损伤多数发生在大力扣杀和拉弧圈球技术中的挥臂击球上，击球时右腿用力蹬地、转腰，上臂带动前臂由后下向前上方挥动，在克服阻力或身体位移的过程中，上肢诸关节依次加速和制动，使末端环节产生极大速度的动作形式。由于肩关节反复旋转和经常超范围地急剧转动，肩袖、肱骨大小结节及肩峰之间反复发生挤压和摩擦而发生损伤。

在乒乓球运动的损伤病种中肩袖损伤、肌肉拉伤、腰椎间盘突出或腰部肌肉劳损、膝关节软骨损伤是多发的运动伤病。同时，肱骨外上髁炎、三角软骨盘损伤、拇长屈肌腱鞘炎、膝关节扭伤、半月板和交叉韧带损伤、踝关节扭伤、腰扭伤也较为常见。了解乒乓球运动损伤的常见病种，运动员或教练员在训练或比赛过程中可以对易损部位做好防范措施，这对减少或避免乒乓球运动损伤具有积极的意义。

3.乒乓球不同打法与运动损伤的关系分析

乒乓球运动作为一种竞技项目，是以获胜为目的的。在世界乒乓球技术发展过程中，各种技术打法是在适应与反适应、制约与反制约的激烈对抗与竞争中演进着。乒乓球的打法可归纳为弧圈型、快攻型、削球型三大类，并各有各的特点。

（1）弧圈型打法。多站位于中远台，较多采用摩擦式击球方式，引拍动作较大，击球时尽量大幅度引拍以增加击球时的力矩，从而加强球的旋转。弧圈打法的损伤主要分布在上肢和躯干部，以腰部与肩部最为常见。运动员拉弧圈球的质量高低很大程度上取决于腰部肌肉用力的大小，若握拍手同侧的腰部肌肉力量较弱或伸展性较差，就可能引起腰扭伤。同时，拉弧圈球正手发力时，挥拍的路径是一条从右后下方到左前上方的内弧线，挥臂时以肩关节为轴，以大臂带动小臂，动作幅度较大。肩关节负担过重是肩部运动损伤的主要原因。

（2）快攻型打法。多站位于近台，较多采用撞击式击球方式，引拍动作较小，击球时需夹紧大臂，利用腰部转体的力量去击球。快攻型打法主要是追求速度，在击球瞬间需要把握来球的旋转，若上旋较强需压拍，若下旋较强需立拍。快攻型打法的运动损伤多分布于上肢，其中肩部与腕关节最多，因为快攻型打法的主要技术是正手攻球和反手推挡，速度快是主要的得分手段。在扣杀球中要求集中全身力量，通过臂、腕、手击球，动作具有很大的爆发性，整个手臂起到的是速度杠杆的作用，此时肩部承受的力量最大，位置稍有不当就易发生损伤。又因手腕的活动范围较小，但此时需要快速地内旋（反手则外旋），如果腕关节灵活性不好或腕关节力量较差也容易发生损伤。

（3）削球型打法。削球型打法是指发球或接发球完毕后便会退到远台进行防守的削球，这种打法的乒乓球球拍一般比较特殊，底板板面较大，正手多为弹性较好、胶皮较软的反胶，反手多为长胶。使用削球型选手运用的技术方法是最多的。削球型打法的损伤多分布于下肢与躯干部，主要发生在腰骶部和膝关节。在乒乓球运动中，膝关节常在半蹲位状态下进行左右、前后大范围的跑动，造成膝关节负担过重，不稳定状态时损伤较易发生。此外，还要利用转腰来获得回击球的时间和空间，这时如果腰部的柔韧不好或对抗击球用力不协调也会导致运动损伤。

综上所述，弧圈型打法的损伤主要分布在上肢和躯干部，以腰部与肩部最为多见；快攻型打法的损伤多分布于上肢，其中肩部与腕关节最多；削球型打法的损伤多分布于下肢与躯干部，主要发生在腰骶部与膝关节。根据乒乓球的不同打法对损伤部位不同的特点，应在训练及比赛过程中给予特定部位有效的保护或防护措施。了解乒乓球运动员不同打法的运动损伤部位及损伤特点，加强相应部位的损伤预防意识，对避免或减少运动损伤有着重要的意义。

（三）乒乓球运动损伤的主要原因

乒乓球运动属于典型的隔网对抗项目，在运动时虽然没有剧烈的身体对抗，但快速的击球动作和瞬间肌肉发力都对身体的关节有着较大的影响，所以乒乓球运动在训练中常见的运动损伤绝大部分属于软组织损伤，主要涉及肌肉与韧带及相关组织等的拉伤与扭伤，有时在剧烈的比赛中也会发生擦伤、骨折等意外损伤。因此，应该对乒乓球运动产生运动损伤的原因进行深层次的分析，找出具体的致伤原因，并制定对策，对运动损伤的预防及后期相关治疗方案的设定具有重要指导意义。乒乓球运动损伤的主要原因分为直接原因和潜在原因两大类。

1. 直接原因

（1）内部因素。

1）运动员自身状态不良。

第一，身体因素。身体因素包括运动员自身的肌肉力量，肌肉韧带的韧性，骨关节活动的灵活性，全身组织及内脏器官的协调性等。

第二，生理因素。生理状态欠佳一般处于运动疲劳或者患病后的恢复期，其肌肉的力量、动作的精准度及共济功能明显下降，技术动作易出现变形或错误，机体的注意力不集中，反应迟钝，因而导致运动损伤。

第三，心理因素。心理因素包括高度焦虑、精神紧张、慌张等心理活动，这些因素皆会影响运动员的比赛技术发挥或导致运动损伤。对于不可能达到或者特别心切达到特定的目标而产生担心、敏感、孤独以及不能专注的心理因素都容易导致运动损伤。

2）缺乏运动自我保护。

第一，自我保护的意识。在乒乓球运动和比赛中，自我保护意识是慢慢养成的，是运动员应该具备的最基本的常识。保护意识不仅是保护自我的体现，也是对国家负责的表现。具备良好的自我保护意识就是要保持最佳的竞技状态，促进运动的寿命不断地延长。

第二，自我保护的动作。自我保护的动作是在日常的训练和比赛中不断积累，根据运动力学与解剖学原理，利用改变受力对象即人体本身前受力要素而完成的。在乒乓球运动过程中，运动员应该加强自我保护的训练，通过规范自己的常用动作、提高灵活性和反应能力以及肌肉韧带的柔韧性等多样化的手段来实现自我保护，减少或避免严重意外损伤的发生。

第三，自我保护的护具。护具能使关节、软骨、肌肉等得到有效的固定支撑，防止发生运动损伤和对已经损伤的部位进行保护。因此，运动员可以根据自己的实际情况来选择适合自己同时能有效预防和控制运动损伤的护具，这样对于有效控制已有的损伤有很大帮助。

（2）外部原因。

1）不重视运动前的准备活动。准备活动是指在运动的开始，为克服内脏器官生理惰性、缩短进入工作状态时程和预防运动创伤而有目的进行的身体练习，为即将来临的剧烈运动或比赛做准备。它的生理作用为：使体温升高，从而提高酶的活性和骨骼肌的代谢过程；可使肌肉中的毛细血管扩张，使肌肉获得更多的氧气和营养物质，还可防止运动损伤；人体的温度升高，神经的反射时缩短，肌肉收缩的速度就能加快。

常见的准备活动不合理的情况有：①做准备活动或准备活动不充分，肌肉仍然处于僵硬状态，就开始正式活动，身体各个系统不能适应突然增加的运动量，很容易造成各部位的肌肉拉伤及关节扭伤等运动损伤。②准备活动量过大，易导致肌肉疲劳，进入正式活动后易出现运动损伤；如果活动范围过大，易导致肌肉韧带被拉伤等运动损伤。③准备活动安排不合理，准备活动的内容不能与专项训练很好地结合，导致专项运动主要部位惰性未被唤醒，机能未被激活,从而出现运动损伤。④未遵循循序渐进的原则,准备活动一开始就用力过猛,提速过快,未被激活的组织器官适应不了高强度的活动而致伤。

2)训练水平不够。训练水平一般包括四项内容:全面身体训练、专项技术训练、战略战术训练、心理品质训练。从生理学的角度上讲,每一种内容的训练都是条件反射建立的过程。

第一,全面身体训练不足。全面身体训练主要包括力量、速度、耐力、灵敏度等训练。这些基本身体运动素质的不足是损伤发生的主要原因。

第二,专项技术训练不够。技术要领掌握不好,存在缺点或者错误的动作,未能形成稳定的条件反射,违反身体解剖结构和乒乓球运动技能特点及运动生物力学原理,因而容易发生运动损伤。

第三,战术训练不足。因战术训练不足而致伤的情况较少。战略战术训练是在掌握乒乓球各种技术的基础上表现出来的应对对手的一种综合的能力训练,由于训练不足,运动员容易在训练或比赛过程中出现因心理紧张、动作技术不协调而受伤。

第四,心理因素。良好的心理素质是指培养乒乓球运动员具有坚决果断的意志品质、勇敢顽强的拼搏精神,它是提高成绩和比赛获胜的重要保证。心理素质不高、纪律意识不强、骄傲自大的运动员易在训练或比赛中发生运动损伤。

综上所述,训练水平决定着运动条件反射建立的稳定性。要想成为一名训练全面的运动员,就要有一个长期、合理的训练计划,需要在比较长的时间内反复训练,这样才能奠定坚实的基础,提高训练水平,有效减少运动损伤的发生。

3)违反科学运动训练原则。运动训练是有其自身规律的实践活动,要减少或避免运动损伤,就必须坚持以下的训练原则:系统原则、循序渐进原则、个体化原则、巩固原则、自觉性及积极性原则、直观性原则等。如果在运动训练中违反了这些原则,极可能会出现过渡性使用劳损或急性损伤。

4)缺乏医务监督。在比赛或者训练前,队医应对运动员的运动能力和身体状况进行评估,及时对受伤运动员进行治疗;比赛或者训练过程中,密切监督运动员的比赛状态,了解其身体状态,为之后的治疗与康复做好准备;比赛或者训练后,及时检测运动员的恢复情况,处理运动疲劳,及时对伤病进行治疗与康复。医务监督体系不完整或缺失是发生运动损伤的重要原因。在平时的日常训练中,队医也应对运动员做好医务监督,定期对运动员进行评估和体检,及时了解运动员伤情,对运动员的机能变化要及时进行科学诊断,用客观的身体数据变化来评价运动员的身体状况,预防运动性疲劳和过度训练的发生,防止运动损伤。

5)训练和比赛安排不妥当。训练和比赛日期或时间的临时改变、项目或次序的改变、路线或场地的改变会导致运动员的比赛状态欠佳,削弱准备运动的作用效果,使运动员心理得不到相应的放松,从而导致运动损伤。

6)气候环境与场地不佳。

第一,气候环境因素。在寒冷的天气长时间训练易导致准备活动不足,出现肌肉僵硬,动作的协调性下降;而在炎热的天气中训练,大量出汗可导致机体流失大量的水分及盐分,如果不能及时补充流失的水分和盐分,易导致四肢抽搐而影响训练,甚至会导致损伤。

第二,场地装备因素。场地地面过硬,易导致关节韧带劳损;未及时清除场地上的汗水,易导致滑倒致踝膝关节扭伤;鞋底减震力差,下肢承受的下压力增大,易发生膝关节软骨、韧带的劳损。

2. 潜在原因

人体的某些部位存在着解剖学和生理学弱点,而运动技术对身体某些部位的特殊要求则放大了这些弱点,这些弱点使得乒乓球运动员存在着运动损伤的隐患。这种存在运动损伤可能的原因就是潜在原因。在一定的诱因作用下,潜在原因可转变为致伤的因素,乒乓球运动损伤都有着自己的好发部位和专项多发病,在乒乓球运动中运动损伤的潜在原因可总结为以下方面:

(1)乒乓球运动技术特点对运动损伤的影响。乒乓球运动是一项速度快、变化多、动作结构复杂、竞争激烈的运动。乒乓球运动员的创伤发生与专项训练有密切的关系，尤其是专项技术动作训练的运动量、密度、强度较大，连续训练时间较长，易造成运动员疲劳，局部负担过重，因而加重局部损伤风险。乒乓球运动的基本动作包括击球、步法和全身协调动作。击球动作如扣杀、削球、提拉、推挡等，主要与肩、肘、腕关节的柔韧性和肌力有关，尤其取决于腕部的屈伸动作，前臂旋内、旋外的速度和肌力，手指的精细动作和肌力，能有效控制球路的方向和球速；步法是髋、膝、踝关节柔韧性的表现，股四头肌、大腿部属膝肌、小腿二头肌的肌力是步法灵活的保证；全身协调动作，主要是腰部动作，腹肌具有控制躯体左右摆动时的柔软性、力度、收缩速度及全身的平衡感觉的功能。因而，乒乓球运动损伤的好发部位为腰部、肩部和膝部。

在乒乓球运动员的损伤中，腰部损伤主要与腰部肌肉的过度使用、快速突然的回旋活动特点有关，肩部损伤与过度练习单一动作密切相关，膝关节的损伤主要与乒乓球运动中的步法移动特点有关。

（2）人体解剖生理学特点对运动损伤的影响。部分组织处于特殊的解剖位置，在运动中易与周围组织发生摩擦和挤压，如肩袖；局部某一组织在结构上较为薄弱，抗拉或抗折能力相对较差，在一定外力作用下易发生损害，如骺软骨板；部分关节在一定的屈曲角度时，关节稳定性下降，易发生"不合槽"的活动，如膝关节半蹲位发力；某些关节在运动时，关节面承受到几个不同方面的应力，如肱桡关节在运动过程中，关节面间既有滑动又有旋转运动；在运动中相互间力学关系的改变，导致负担最大的组织发生损伤，如踝背伸 60~70° 角发力跖屈时，跟腱处于极度紧张状态，但胫后肌及腓骨肌则较松弛，若突然发力踏跳，可发生跟腱断裂等损伤。

综上所述，乒乓球运动有其自身的特殊技术要求，加之解剖生理学的特点，在直接原因的作用下，乒乓球运动所发生的运动损伤具有一定的特点和规律，掌握这些特点和规律，对于乒乓球运动损伤的预防、诊断与治疗、康复有着重要的意义。

（四）乒乓球运动损伤常见的预防原则

在乒乓球运动中出现运动损伤是较常见的。为了预防运动损伤必须充分了解损伤的原因，针对直接原因和潜在原因采取预防措施，认真进行调查研究，及时总结经验教训，掌握运动损伤的发生规律，制订出合理的预防计划，通过加强自我保护和防范意识，重视全面发展等手段可以最大限度地减少或避免运动损伤。常见的预防原则有以下方面：

1. 调节身体的状态

调节身体状态的方法包括：加强自身力量、耐力、柔韧、平衡、协调、稳定等基本素质；增强运动员对损伤的防护意识；调整运动员在比赛过程中的心态。

2. 重视准备运动与整理运动

（1）准备运动。训练和比赛前的准备活动是十分重要的，它不但能使血液流动加快、体温升高、肌肉的应激性上升、关节和韧带的柔韧度增加，对抗内脏惰性，使其尽快进入稳定工作状态，而且可以缓解比赛过程中的紧张感，调整赛前的心理，起到预防运动损伤的作用。现代乒乓球新赛制要求运动员尽快进入最佳状态，对生理机能和心理要求都很高。如果运动员的神经系统和各内脏器官的功能没有充分调动起来，关节、肌肉、韧带没有得到充分调动，较易出现损伤。因此，在乒乓球的正式训练或比赛前，必须使身体各部分充分进入运动状态，应确保准备活动与专项训练相吻合。准备活动分为一般准备活动和专项准备活动。乒乓球运动员要进行充分的一般准备活动，还要重视与专项运动动作相适应的准备活动，如动态拉伸、步伐训练等。

（2）整理运动。整理运动，即放松活动，是消除疲劳、促进体力恢复的良好方法。从预防运动损伤方面看，具有与准备活动同样重要的作用。整理运动包括呼吸体操、慢跑和组织牵伸活动。剧烈运动后进行整理活动，可使呼吸系统仍然处于一种较高的活动状态，进一步补充剧烈运动过程中所消耗的高氧量。运动后的慢跑，可使心血管系统短时间内维持快速流通的状态，促进血液循环，加快代谢过程，有利于氧的交换和代谢产物的排出。运动后做伸展运动，可以使肌肉放松，消除肌肉的痉挛，改善肌肉的血液循环，减少肌肉的酸痛和僵硬程度，消除局部疲劳，对预防运动损伤有着积极的意义。

3. 提高训练的专业水平

乒乓球运动专业水平欠佳，如训练水平不高，身体素质不良，在战术、心理因素方面的不稳定，在运动过程中违反了身体结构和人体运动时的生物力学原理而导致运动损伤。因此，在预防运动损伤方面要求乒乓球运动员具备综合素质，要安排适当的身体素质训练，加强专项素质的练习。针对容易发生损伤的肌肉群，加强力量和关节的灵活性，增加全身的协调性。同时掌握机体结构、技能特点，把握运动生物力学原理，提高运用战略、战术的综合能力，培养乒乓球运动员坚决果断的意志品质、勇敢顽强的拼搏精神，最大限度地减少或避免运动损伤。因此，加强和提高乒乓球运动训练的专业水平对预防运动损伤具有重大的意义。

4. 遵循科学合理的运动原则

系统原则、循序渐进原则要求我们完成某一动作时遵循一个渐进的过程，这是一个逐步积累的过程，也是一个让机体适应的过程，不能急于求成，忽略基础，否则极易导致运动损伤。在运动训练中，始终坚持个体化对待，利于个体的技术进步和伤病的防范；不断巩固和加强所学习的动作，形成条件性反射，动作的熟练可减少运动损伤的发生。违背了运动规律和原则的锻炼，不仅对于提高运动员的竞技水平没有帮助，还会伤害到运动员的身体机能。因此，应遵循训练过程的客观规律和科学的训练原则，有序、合理地锻炼，提高对体育运动的认识，减少和避免运动损伤的发生。

5. 加强运动医务监督措施

运动医务监督是预防运动损伤的重要措施，其内容主要包括两个方面：运动员定期进行体格检查和加强自我监督。

（1）运动员定期进行体格检查。队医或体检单位对运动员定期进行体格检查，根据乒乓球运动项目的专项发病特点及部位进行仔细检查，对劳损性疾病进行早期治疗。通过体检可以发现运动员潜在的伤病并给予及时的治疗。在新运动员的选拔过程中，医务监督也会起到重要的作用，可以排查出不适合参加该运动项目的运动员，如患有先天骨骼畸形或不能从事大运动量训练的人员，不能入选该运动项目。

（2）加强自我监督。自我监督是运动员在训练或比赛的过程中对自身反应做出的监督防护措施，也是预防运动损伤的有效方法。运动员根据自身的反应调整运动计划和运动量，并根据运动项目的特点及易损伤部位，制订出适合自我监督的计划。

6.建立综合协调体系

在综合协调体系中，教练员、运动员、医务人员的态度与损伤的预防有着密切关系。教练员要拥有科学的训练知识和运动医学知识，了解运动员能够承受的运动负荷量，明确运动员的身体状况和心理状况，为运动员制定适合个人的训练强度和训练量。运动员在运动的过程中，要有自我保护的意识，感知自己的身体及心理的状态，根据自己的状态决定自己运动的策略、方法和训练的强度，与教练员及时沟通训练、比赛后的感受、体会。体能教练和队医的作用也是不可忽视的，他们应该及时发现乒乓球运动员体能的转变，提出可靠的意见和建议供教练员和运动员参考，防止损伤发生，延长运动寿命。

综上所述，在预防研究方面，我国乒乓球训练相关人员能从各个层次制定具体的预防指南，显现了我国对乒乓球运动损伤的预防工作十分重视。良好的运动损伤预防工作是运动员参加训练和比赛、提高运动成绩、延长运动寿命的重要条件。只要我们对预防运动损伤的意义有充分的认识，认真进行调查研究，及时总结经验教训，掌握运动损伤发生的规律，做好预防工作，就能最大限度地减少或避免运动损伤的发生。

（五）乒乓球运动损伤的诊断方法

乒乓球运动损伤的正确诊断是预防和治疗运动损伤及康复训练的基础。

而要对运动损伤做出正确的诊断，就必须详细了解运动员的训练史、受伤史、伤后症状及训练情况，还要了解各项运动的运动特点，同时结合辅助检查进行分析。

1. 乒乓球运动损伤的病史情况

（1）运动训练史。了解乒乓球运动项目的技术特点，运动损伤发生的部位、类型与发生损伤频率的关系等情况；了解运动训练的方式、年限及主要损伤的机制和流行病学；了解伤者在以往的乒乓球运动训练生涯中有无陈旧伤或急性损伤，这些伤病对运动训练所造成的运动动作限制如何，同时应记录伤员的运动训练情况。

（2）受伤的过程。运动损伤多有明确的受伤史，重视受伤的过程、发生损伤的动作及损伤的机制对分析和判断损伤有着重要的意义。应了解损伤的作用力的性质、方向、大小、所作用的部位，回顾受伤过程中损伤的感觉或听到的损伤部位发出的响声，对运动损伤的诊断具有重大的临床意义。

（3）乒乓球运动损伤后的症状及处理的情况。乒乓球运动损伤后，在损伤的部位会出现相应的症状。为了能够正确地做出运动伤病的诊断，需要详细了解、咨询并记录运动损伤后所出现的疼痛、肿胀、畸形、功能障碍等症状及体征，记录所发生的时间、病情的演变、加重和缓解的条件、治疗过程、治疗效果及治疗康复后的训练等情况。如伤后的疼痛症状，应了解询问并记录如下情况：①疼痛出现的时间。疼痛出现与伤后的时间关系，是伤前还是伤后、是白天还是夜间。②疼痛的部位。伤后疼痛的部位，是否合并疼痛部位或牵扯疼痛部位。③疼痛发生时的运动状态。在完成哪些动作时出现疼痛，对诊断损伤的具体部位有重要意义。④疼痛的性质。是胀痛、酸痛、刺痛、绞痛、麻痛、跳痛、牵扯痛还是放射痛等。⑤影响疼痛的因素。天气、季节、活动对疼痛有何影响。⑥疼痛的状态。休息或活动后疼痛的情况，减轻还是加重，疼痛减轻和加重的体位分别是什么。⑦疼痛后的处理过程及处理的效果如何。

2.乒乓球运动损伤体格检查

（1）乒乓球运动损伤体格检查的原则。

1）按序检查：物理检查的一般顺序为望、触、动、量。先进行损伤部位的检查，再进行损伤部位的远端、近端检查，然后逐渐增加其他部位乃至全身部位检查，避免漏诊和遗忘。

2）同健侧对比：检查时应充分暴露检查的部位，对损伤部位要有全面的了解。同时与健侧做对比，在健侧参照物的比较下，可以更加充分地了解损伤部位的情况。

3）综合分析：根据前两项的检查，将所收集到的信息资料同受伤部位的解剖生理特点及患者受伤的病史、受伤机制等做全面综合的分析，从而得出准确的诊断，以利于后期的治疗。

（2）乒乓球运动损伤体格检查的内容。乒乓球运动损伤体格检查的内容主要包括视诊、触诊、动诊、量诊。

1）视诊。视诊即通过视觉观察伤员的一般情况，包含全身视诊和局部视诊两个方面。

第一，全身视诊包括精神、面色、呼吸、体态、步态等。从伤员的表情、脱衣、行动、步态、坐卧过程中，可以初步估计受伤部位、主要体征和功能状况。

第二，局部视诊。①皮肤潮红发亮是感染的表现；皮肤青紫是血液瘀滞的表现。②肿胀瘀血：运动损伤一般情况会出现局部不同程度的肿胀。可以根据肿胀的时间、肿胀的程度及肿胀的色泽判断损伤的轻重。一般肿胀越重，损伤越重；瘀血散于皮下越多者损伤较重，无明显瘀血散于皮下者损伤较轻。同时重视关节部位的肿胀情况及关节积液情况。③形态：局部伤后注意观察机体的形态是否发生改变。例如，局部是否发生成角畸形、旋转畸形，伤部是否发生长度的改变、大小的改变等情况。④伤口情况：观察伤口的大小、形状、深浅、皮肤软组织是否缺损、骨头是否外露、出血量、伤口周围组织损伤程度、伤口的污染程度、伤口是否有污染物的存留等，可以通过这些因素判断损伤的性质及损伤程度。

2）触诊。触诊系指通过对乒乓球运动员的触摸，对骨骼、关节、肌肉、韧带及压痛部位进行检查的方法。通过触及骨骼的形态、骨折断端的异常活动或骨擦感、关节的对位关系、肌肉肌张力的改变、韧带损伤的凹陷感，可以对损伤部位的情况做出初步的判断。疼痛是运动损伤最常见的主诉，而压痛是最重要的体征，压痛最明显的部位往往损伤最严重。触诊在乒乓球运动损伤的评估上有重要意义。

3. 乒乓球运动损伤的治疗方法

（1）动静结合。动静结合充分地概括了运动损伤中不可回避的固定与活动的关系。固定与活动，一动一静，对立统一，有机结合。在具体治疗中寻求两者的平衡点，动中有静、静中有动。

以骨折治疗为例，骨折治疗以静为主，动静结合。对乒乓球运动中的骨折，我们需坚持动静结合的原则。骨折后的局部固定使伤肢恢复结构的连续性，维持骨端正常的解剖关系，为骨折的愈合提供一个良好的内环境，但长时间固定，肢体关节得不到活动，后期可能出现关节僵直、肌肉萎缩、骨质脱钙等"骨折病"的表现。活动应在局部牢固固定的基础上进行，若骨折固定不牢固，一旦影响骨折端的愈合，易出现畸形愈合、延迟愈合、不愈合等严重后果。有效的固定是保障伤肢早期活动的必要条件，活动更应以不干扰骨折固定为限度。把固定作为功能锻炼的基础，固定和功能锻炼高度统一，动静结合，寓动于静。只有这样，功能锻炼才能起到促进愈合和恢复功能的作用。

软组织运动损伤治疗以动为主，动静结合。动静结合的思想不仅体现在运动骨伤的治疗中，在运动软组织损伤的治疗中也有重大意义。临床医疗不只是简单地止痛消肿或停止活动，最终目标是尽可能恢复患者的活动能力。例如，对乒乓球运动中大腿肌肉拉伤、局部肿胀，应进行适当的功能锻炼，不仅可以促进创伤局部渗出液的吸收，还可以保护机体神经及肌肉的紧张度。活动能加快深筋膜腔中的血流及淋巴液的回流，保持肌肉的紧张度与力量，加强关节稳定性，刺激受伤组织的增生，加速组织修复、肿胀吸收、疤痕软化，防止损伤或手术后肌肉及肌腱的粘连。早期活动在肌肉、肌腱和韧带中产生的负荷张力可刺激胶原纤维的生长和韧带的连接，可防止因固定带来的各种病理改变，促进肌肉和连接组织间的重建，加速本体感觉的恢复。

（2）筋骨并重。筋骨并重不仅是中医伤科、中西医结合骨科的基本指导理念，也为运动创伤康复医学等学科所重视。筋系指包括解剖学上的软组织范畴，如肌肉、韧带、筋膜、肌腱、滑膜、脂肪、关节囊、周围神经、血管等组织。运动解剖中筋骨互用。筋浅骨深，筋附于骨系于节；筋束骨，骨张筋，筋骨相互依赖、相互为用。骨为立身主干，构成人体支架，提供筋的附着与支撑，筋有骨的支撑作用，才能有效收缩，产生运动，筋使骨节相连，束骨而利关节，为骨节的生理作用提供基础保障。骨为干，筋为刚，脉为营，肉为墙，皮为坚。筋骨相互依赖、相互为用的功能发挥还须依赖肌肉的缩弛度，需要皮坚以户外、脉充以滋养。故在运动损伤的过程中常出现筋伤动骨及骨折伤筋的情况。

（3）内外兼治。外伤于内损同治。肢体损于外，则气血伤于内，营卫有所不贯，脏腑由之不和。凡筋骨伤痛者，人之一身，血荣气卫，循环无穷，筋肉骨节误至折伤，则气血瘀滞疼痛。皮肉筋骨的局部病变必然会影响全身，两者有因果关系，并相互影响。内治法与外治法的统一。凡从外伤者，伤损肿痛，轻者在外，涂敷可以；重者在内，当导瘀血，养肌肉，宜查浅深以治之。表明在损伤后，应当建立内外统一施治的观念。在运动损伤过程中，无论是骨伤或是软组织损伤的处理，都应手法结合药物，强调运用手法复位、按摩推拿、理筋治伤的外治手法及活血化瘀、消肿止痛的外用药物治疗。同时也须重视内服药物的使用，可活血祛瘀，调整脏腑经络气血。只有两者有机地结合才能更有利于伤病的愈合和康复。

（4）整体统一。任何疾病的发展变化都不是孤立的，疾病发展中的要素是相互联系、相互影响的。在人这个有机体中，任何局部病变，都会影响整体机能。反之，任何一种疾病，其整体机能的变化会表现在病变局部。局部变化处于整体变化之中，必然为整体变化所制约。在疾病治疗过程中，人体作为一个统一整体对致病因素和治疗因素的反应，既是多样的，又是协调的。局部伤病可以是整体变化的原因，又可以是整体变化的结果，它可以促成整体的变化，又可以是整体变化的继发性损害。疾病的变化，往往既有局部的改变，又有全身的反应，局部的病变和整体的反应不仅相互影响、相互制约，而且在一定条件下可以相互转化。例如，乒乓球运动员长时间的前倾动作，导致腰背部肌肉筋膜疲劳性损伤，进而影响脊柱的稳定性和负荷平衡，并对运动技能产生影响；变形或错误的技术动作，又进一步加重肌肉疲劳程度。肌肉疲劳性损伤导致的疼痛，与随之产生的肌肉紧张、血管痉挛性局部血供不足互为因果。

人体的整体统一性是多层次的统一，整体包含多个层次，如系统、器官、组织和细胞。我们可从不同层次来认识疾病的过程，从多个层次有机联系整体，两者是互相影响、互相协调、互相制约的。疾病过程中整体与局部是紧密联系的，任何疾病过程都是局部性的反应，它受整体的制约，反过来也影响整体，两者之间有着不可分割的联系。局部与整体的概念也是相对的，我们必须从不同层次去全面认识疾病，把握其本质。

（5）中西医结合。中西结合指中医与西医的结合。中西结合是历史和现实的要求，是继承与发扬中国传统医学的重要途径。

（6）医患合作。在乒乓球运动损伤的防治过程中，医患合作即伤病的运动员与队医间的合作关系。对伤员而言，治疗方法仅仅是一个外因，外因通过内因才能起作用。运动员身体受伤，会产生许多心理问题。队医需同时顾及伤病和运动员受伤后的心理问题。注重心理疏导，使运动员更好地树立战胜伤病的信心，从而积极与队医配合，各种治疗方法才能顺利施行，提高疗效。

在队医和运动员的相互关系中，队医和伤员需要密切配合，相互理解和信任。队医在处理运动员的伤病时，首先要认真分析运动员的损伤机制及特点，必要时借助辅助检查，明确损伤的诊断。同时，要与运动伤员积极沟通，根据伤病的具体情况，采取相应的康复治疗手段，保护伤部以免再次损伤。最后队医应指导运动员增强自我保护意识，减少心理负担。运动伤员应充分信任队医，积极配合队医的治疗及康复计划。相互密切配合，促进功能康复，使运动员尽早恢复训练及重返赛场。

4. 乒乓球急性运动损伤的急性处理方式

在乒乓球运动过程中瞬间遭受直接或间接暴力而造成的损伤称为急性运动损伤。急性运动损伤多有炎症反应，水肿伴出血。炎症反应会在第二天加重，并可持续 7～10 天。软组织损伤三天以内为急性期，三天至两周为亚急性期。乒乓球急性运动损伤常见于踝关节扭伤、腰部扭伤、肌肉拉伤等。

（1）保护。保护是指在损伤后不同时期内对损伤部位的应力保护、去负荷和关节制动等干预措施。在急性闭合性软组织运动损伤后的一段短时间内，应该尽量减轻损伤部位的负荷，避免过早快速地移动或运动。但是损伤后的制动休息应限定在一定时间内，而且要从损伤后即刻开始计算。损伤部位长时间的失负荷状态不利于损伤的康复，并且会对组织的生物力学特性和形态产生不利影响。而渐进性的力学载荷刺激更有利于恢复胶原组织的力学和形态学特征，因此康复的介入是越早越好，且应该将运动康复疗法与其他治疗干预方法组成一个有机的整体。

（2）最适负荷。最适负荷（optimal loading，OL）是指用一个平衡、递增负荷的康复训练计划来替代 PRICE（P: Protection 保护；R: Rest 休息；I: Ice 冷疗；C: Compression bandage 加压包扎；E: Elevation 抬高患肢）处理原则中的制动休息，这个康复训练计划中的早期活动训练可以促进损伤部位的康复，它涵盖了康复训练中所有的机械力学干预手段，还包括一系列徒手康复训练技术等。不同种类的损伤需要不同的康复训练计划，因此没有任何一个康复训练计划是万能的。康复训练计划中的功能活动负荷安排要体现出个性化的特征，因为不同的损伤组织和部位所需要的 OL 不同。例如，下肢肌肉损伤后，患者在日常行走移动训练中就可以得到周期性的负荷刺激。而如果损伤发生在上肢，则需要在康复训练计划中有针对地安排一些上肢的功能性活动，以达到最适负荷刺激的效果。早期康复中抗阻力量训练是最典型的调整和控制 OL 的加力方式。

（3）冷疗。冷疗是处理急性闭合性软组织损伤的早期关键措施。伤后24～72小时，冷疗可以使局部血管收缩从而减少出血和渗出，减弱炎症反应，减轻由于出血和渗出引起的疼痛和肿胀，降低组织的代谢率，减少对氧气和营养物质的需求量。传统的冷疗可采用多种方式，如局部的冰水浴、冰袋、冰按摩和局部喷射制冷剂的方法。冷疗的时间应根据损伤区域的大小和损伤组织的深度而定，但在损伤初期通常1～2小时进行一次，每次15分钟，损伤24小时后，冷疗的频率可逐渐降低。除了损伤急性期应用冷疗外，在早期功能康复中，冷疗和康复锻炼相结合可以产生更好的康复效果。早期功能康复中冷疗的应用可以有效减轻疼痛、肿胀、痉挛和神经抑制，可以帮助患者更早地开始功能康复训练，还可以让患者在一定程度上耐受更大的负荷。

（4）加压包扎。一般认为绷带的加压包扎（compression bandage）可以增加组织压力，减少损伤部位的血流量，从而减少肿胀和渗出。加压包扎可以在冷疗过程中或冷疗后进行，应从损伤部位的远端向近端牢固包扎，包扎时每层绷带应该有部分重叠，松紧适度，不要过紧，以免引起疼痛。在加压包扎时还应注意检查皮肤的颜色、温度和损伤部位的感觉，保证绷带包扎没有压迫神经或阻断血流，对于四肢组织的环形包扎一定要观察远端血供及感觉情况，一般应采取间断包扎的方法，每30分钟松开包扎一次，以保障远端血循及保护神经。

（5）抬高患肢。抬高患肢只适合于肢体远端的损伤，在损伤发生后24～48小时，尽量将患肢置于高于心脏水平的位置，这有助于减少损伤部位的血流量，加速静脉血和淋巴液的回流，从而减轻肿胀和局部瘀血。加压包扎和抬高患肢结合应用时，还应注意避免包扎方法不当而造成损伤部位的血流阻断，继而造成损伤部位的缺血再灌注损伤，因此一定要注意检查皮肤的颜色、温度和损伤部位的感觉，确保绷带包扎没有压迫神经或阻断血流，保证损伤部位的血液灌注，而处理方法中的冷疗对缺血再灌注损伤也具有防治作用。

（6）理疗。在医生的指导下，如有必要还可以进行物理治疗和药物治疗。

通常可以采用超声波等理疗手段，对于局部挫伤的软组织和韧带具有消肿、促进愈合的作用。另外，可以使用肌肉内效贴的爪形贴扎法，对于消除局部软组织的水肿也具有非常显著的效果。

（7）药物治疗。可以在非急性期使用非留体类抗炎药用于消炎及止痛。急性损伤后往往会出现无菌性炎症，疼痛大多建立在炎症基础上，通过药物控制炎症后，疼痛自然得到缓解。

二、乒乓球运动损伤的预防

（一）乒乓球运动损伤预防的内容

1. 乒乓球运动损伤的预防措施

（1）思想上重视。在思想上应对运动损伤的预防给予重视。严格遵循运动锻炼的一般原则和不同运动项目的运动规律。加强身体的全面锻炼，提高机体对运动的适应能力。

（2）调节身体处于良好的运动状态。做好运动前热身准备、运动后的整理活动及自我恢复和营养等。

1）运动前热身准备活动。运动前的准备活动不但能提高身体核心部位温度，提高软组织（骨骼肌和结缔组织）的温度、柔韧度、弹性，还能增加关节液的分泌，扩大关节活动的范围，同时可以减少锻炼前的紧张感。

2）运动后的整理活动。运动后的整理活动是通过骨骼肌、韧带的拉伸活动及呼吸调节等方式，使处于运动应激状态的身体回到安静状态。

3）运动后自我恢复。简单处理运动后骨骼肌酸痛、关节不适等，及时补充水分、优质运动饮料及易于消化的营养物质等，将有助于运动后机体尽快地恢复。

根据身体状况尽早预防运动损伤。根据自己的身体状况，选择合适的运动项目。尽早发现自身的不适状况，对不同运动项目、不同的运动方式可能导致的损伤风险进行评估，以便尽早预防。

运动中加强自我学习，增强自我保护意识。学习在不同环境下不同项目中运动的知识、技能和方法。

在保证安全的环境下运动。选择安全的运动环境和运动场所，选取不同的运动所使用的不同运动用具和防护装备。

遵循科学运动五项原则。运动锻炼必须遵循科学运动的原则，其包括渐进性、反复性、全面性、意识性、个别性。

第一，渐进性——运动锻炼者应逐步提高运动负荷和增加锻炼时间，以防机体一时不能适应而导致运动损伤。

第二，反复性——身体运动能力的提升是一个不断累积的过程，需要多次进行"运动—休息—运动"的循环才能实现。

第三，全面性——运动锻炼者应对体能进行全面训练，而不是单纯针对某一特定动作的反复练习。人体是一个有机整体，要想增强体质，就要使身体各部分（如头颈部、躯干部、四肢）、各器官系统（如心、肺、神经、感觉等）功能、身体各种素质及人体各种活动能力都得到发展。

第四，意识性——人的活动除了机体的自律活动和反射活动之外，所有的随意活动都伴随着一定的意识。增强体质的意识与竞技比赛意识有极大区别，在科学锻炼身体的过程中，要把意识指向发展身体、增强体质的目标，而不能指向单纯提高运动竞赛成绩和夺标。

第五，个别性——运动锻炼必须因人而异。性别、年龄、体力、技术熟练程度不同，活动量和方法也应不同。

（3）加强易伤部位训练。加强易伤部位和相对较弱部位的训练，提高其对运动的适应能力，是预防运动损伤的积极手段。根据不同部位进行有针对性的训练，如为预防膝关节的损伤，应主要加强膝关节周围肌肉的力量训练，并对膝关节周围韧带进行静力对抗训练，增强其协调性和稳定性。

2.乒乓球运动损伤的康复训练目的与原则

（1）康复训练的目的。

1）康复训练可以预防肌肉萎缩和挛缩，维持健康肢体的运动能力，维持良好的心肺功能，使得一旦伤愈便能立即投入正常的训练。

2）防止停训综合征。个体在长期的体育锻炼中建立起来各种条件反射性联系，一旦突然停止锻炼这些条件反射性便可能遭到破坏，进而产生严重的功能紊乱，如神经衰弱、胃扩张、胃肠道功能紊乱等。

3）伤后进行适当的康复性锻炼，可加强关节的稳定性，改善伤部组织的代谢与营养，加速损伤的愈合，促进功能、形态和结构的统一。

4）伤后的康复训练，可以使机体能量代谢趋于平衡，防止体重增加，缩短伤愈后恢复锻炼所需的时间。

（2）康复训练的原则。

1）无论进行何种康复训练或功能训练，都应以不加重损伤，不影响损伤的愈后和正常的治疗为前提。应尽可能不停止全身或局部的活动，并且对伤部肌肉的训练越早越好。

2）康复训练要根据损伤的性质、程度、部位、病程及患者的具体情况来决定练习的方法，即做到分别对待，个性治疗。

3）整个康复训练要贯穿全身，兼顾动静结合的原则。在损伤初期，因局部肿胀充血、疼痛、功能障碍，应以全面身体运动为主，在不加重局部肿胀和疼痛的前提下，适当进行局部运动。随着损伤逐渐好转，局部运动量和时间可逐渐适当增加。在损伤后期，应对受伤部位安排有针对性的康复练习，促进局部功能恢复，保持良好的整体机能状态。

4）伤后训练的运动量安排，必须遵循循序渐进的原则。康复训练的幅度、频率、持续时间、负荷量的大小等都应逐渐增加，以不引起疼痛肿胀为宜，切忌粗暴的被动活动。

5）加强伤后训练的医务监督。伤后训练应做好准备活动，有条件的应尽量使用保护支持带。训练后注意伤部反应，发现异常情况应及时调整运动量和训练内容，训练后应采取相应的措施并进行积极治疗。

（二）乒乓球运动队人员在伤病预防中的职责

1. 运动队医师的职责

运动队医师的工作任务是保护乒乓球运动员身体健康和安全，保障训练和竞赛正常进行，为增强体质，为运动员正常发挥技战术水平和创造优异成绩服务。

（1）全面掌握运动员的身体情况，做好体格检查和机能评定工作，通过机能监测与评定，协助教练员科学调控训练量。科学有效的监控是有效评定运动员身体机能的重要方式，通过科学的机能测试和分析，可客观地诊断乒乓球运动员的竞技状态、运动疲劳的程度、机体恢复的情况，对科学地调整竞技状态、合理安排运动训练负荷、预防过度疲劳都有积极的作用。

（2）深入场地了解训练，与教练员密切配合，积极防治急慢性运动伤病。因乒乓球运动属于技能主导类持拍隔网对抗性项群项目，比赛时间长、运动量大、技术复杂、战术多样，常需腕关节、肩关节、腰部、膝关节、踝关节等身体部位不断进行屈伸、内收、外展和旋转等动作，故容易造成关节及其周围的肌肉、肌腱处于超负荷工作状态，损伤随时可能发生。这就要求运动队医师要深入场地，在训练和比赛中密切观察队员的情况，及时处理伤病。

（3）跟随运动队比赛时应主动调查了解比赛环境，提前做好防治传染病的准备工作，提出安全训练和个人、集体卫生方面的建议。无论是在平时训练中还是在比赛中都要准备现场急救，准确、合理的急救会使运动损伤的危害减小到最低限度。定期对伤病运动员的康复情况进行评估，防止运动员二次受伤的发生，为运动员重返赛场提供科学依据。

（4）在符合法律规定的前提下，充分运用合理手段促进运动员训练后的体力恢复。长时间、大强度的训练和比赛对运动员体力提出了严格的要求，高密度的训练更加要求运动员在两次训练间隔中更加快速、有效地恢复体力，积极采取合理、有效的手段加速运动训练后体力恢复，提高队员的训练状态。

2. 运动防护师的职责

运动防护师的主要工作职责是在医师的指导下进行运动伤害预防及康复工作。

（1）对乒乓球运动伤病的风险进行评估与控制，将运动风险降至最低。运动伤病风险的评估是对运动员运动风险的提前判断。由于乒乓球运动中存在对手、环境等不确定因素，在运动训练和比赛前对运动伤病风险进行评估与控制，对预防运动伤病可以起到积极的作用。其包括对运动员和运动环境的评估。

（2）及时消除运动疲劳。目前认为运动水平提高是人体对高强度的训练产生的一种适应性反应，在此过程中不可避免会产生运动疲劳。运动疲劳会限制运动水平的发挥，因此运动疲劳的预防和消除就显得尤为重要。运动后恢复的过程主要涉及运动中所消耗的能源物质的恢复及代谢产物的消除，目前人体疲劳的恢复主要有三种途径：自我调节、营养补充、理疗恢复。

（3）运动伤病的康复训练与体能训练。在运动员发生损伤后运动防护师应该配合运动医师进行治疗，在治疗完成后应对队员进行伤病的康复训练和体能训练，为运动员重返赛场做准备。康复训练和体能训练还能最大限度地避免二次损伤的发生。

3. 教练员的职责

乒乓球教练员是整个训练计划的制订者、指导者、指挥者，其主要负责运动员的训练、比赛、思想教育和管理工作，不断提高运动员的体能、技战术水平和做好思想教育工作。

乒乓球教练员要积极学习科学的训练理论、综合考虑运动员的体能、技能、心理、合理制订运动计划，安排运动负荷，准确判断队员训练状态，避免过度疲劳的发生和局部负荷过重，最大限度地预防运动员伤病。积极指导乒乓球运动员的训练，严格执行训练计划，在训练过程中及时指导乒乓球运动员的训练动作等。

乒乓球教练员要注重运动员的生长发育与训练的关系。青年运动员的生长发育是一个相对漫长的过程，具有不平衡性、连续性和阶段性等特点，所以在体育教学和训练过程中，教练员应根据青年骨骼、关节、肌肉、血液循环、呼吸系统和神经系统的解剖生理学特点来安排教学和训练计划。

加强对运动员的教育和管理，时刻提醒教育运动员在训练过程中养成良好的运动防护习惯，规范自身动作姿势，减少不必要的伤害。

4. 运动员的职责

运动员应该充分重视每次训练课和比赛的准备活动、放松活动。积极提高自身身体素质，积极配合运动队医师进行各项素质的测评，积极学习并采取专业防护措施，注意运动装备和防护装备的选用。

5. 裁判员的职责

随着乒乓球运动的普及和发展，比赛的攻防速度明显加快，竞争、对抗的程度越来越激烈。这就要求裁判员熟悉规则条文，掌握规则精神，了解双方战术特点，洞察攻防发展趋势，还要求裁判员在短时间内根据动作性质、犯规程度及比赛发展形势等迅速做出判断。规则是裁判员执行工作的依据，是整个执裁工作过程中的法则，裁判员应努力学习国际裁判规则，在执裁过程中严格遵守比赛规则，对于犯规行为进行判罚，对恶意犯规者决不姑息。这样可以避免恶意犯规，对运动员进行保护。在比赛开始前应对场地、环境、比赛用球等进行检查，保证比赛过程处于安全的环境中，减少伤病发生。在执裁过程中，裁判员应该做到"认真、严肃、公正、准确"，遵守职业道德原则和规范。当有运动员受伤时应该准确判断运动员受伤的程度，及时寻求运动队医师的帮助。严禁运动员带重伤上场。

（三）乒乓球运动损伤中心理因素的预防

引起运动损伤的原因很多，如过度疲劳、训练设备陈旧、场地条件差、恶劣天气、运动项目本身的难度，以及以前的损伤没有得到完全的恢复等，这些因素都可能导致运动损伤。在诸多引起损伤的因素中，心理因素起着举足轻重的作用。乒乓球运动员受伤后的心理反应有恐惧、紧张、疲惫、缺乏信心、内疚、自责、抑郁,以及一系列躯体性反应(如食欲下降、胃不舒服等)。受伤的运动员比未受伤的运动员更多地表现出气愤、争执、敌对、挫折感、孤独感、对信念的迷惑和自尊感降低。伤势严重的乒乓球运动员持续一个多月不能缓解这些心理反应,职业乒乓球运动员更是这样,要使受伤的乒乓球运动员完全恢复到受伤前的运动水平,需要消耗较大的人力、物力、财力,有些损伤甚至是不可能完全恢复的。因此,最好的治疗措施就是预防。

1. 运动损伤的心理学因素

(1)个性因素。个性是指一个人的总的精神面貌,它是通过个人的生活道路而形成的,反映了人与人之间稳定的差异特征。另外,其他一些个性因素,如成就动机、竞赛特质焦虑也被认为是影响运动损伤的心理因素,因为这些因素是乒乓球运动员经常遇到的问题并且与应激相关。

(2)生活应激来源。所谓生活应激事件是指个体生活中的主要变化,如结婚、经济状况的重大改变等。长期的生活应激源可能与主要的生活事件无关。例如,当乒乓球运动员到国外参加重要比赛的时候,就会遇到这样一些问题,适应新的气候、新的饮食、新的场地等。

以前的运动损伤的恢复情况对将来运动损伤发生的概率有很好的预测作用。如果损伤没有很好地恢复就重新投入训练和比赛,那么乒乓球运动员再次受伤的可能性就增加,由于先进的医疗手段缩短了身体生理性康复的过程,而乒乓球运动员在生理性康复完成后还未来得及将损伤带来的不良心理反应排除,还未从心理上做好重返训练场或赛场的准备,这样就容易招致再次损伤。另外,害怕再次受伤也会导致乒乓球运动员过多的应激反应,从而增加再次受伤的可能性。以前受伤的经历在心理上留下的阴影,乒乓球运动员再次回到运动中的时候,前次受伤的情景就会不自觉地出现在眼前,从而使运动员产生焦虑或恐惧心理,并引起一系列生理性变化。这样乒乓球运动员就由于注意范围过分狭窄而不能把精力完全投入到当前活动中,动作不稳定、变形、运动损伤的再次发生也就不足为奇了。

(3)情绪。积极饱满的情绪状态能够增强乒乓球运动员的自信心,使他们在训练和比赛中处于最佳心理能量水平。

（4）社会支持。社会支持（亲朋好友、教练员、队友乃至舆论的关注、鼓励与支持）与损伤有直接的关系。一个人的生活紧张程度无论在怎样水平，社会支持程度低的乒乓球运动员要比赢得高度社会支持的更容易受伤。另外，疲劳也是造成运动损伤的一个心理因素。乒乓球运动员在训练和比赛中要承受超过常人许多的身体和心理负荷。在训练和比赛中，特别是在那些对抗性的项目中，需要保持注意力的长时间集中，这样必然要消耗大量的能量。因此，如果过长的训练和比赛中间没有间歇，则会引起心理和生理上的疲劳，严重的会造成过度训练。疲劳出现时，大脑神经系统的灵活性明显降低，兴奋和抑制相互转换的速度减慢，注意力分散，范围扩大，表现为动作变形、稳定性降低。这些都可能引起运动损伤。

2. 运动损伤心理的预防措施

对同一刺激，不同的个体所做出的反应不同。对于从事相同项目的乒乓球运动员，由于年龄、性别、智力、运动年限的不同，他们的运动动机也可能不同，对所从事的运动项目的认识也不会是完全相同的。在平时的训练中，教练员要使乒乓球运动员对自己所从事的项目有一个清晰明确的认识，熟悉本项目的专项特点及对动作技术的要求，弄清楚在训练和比赛中可能引起损伤的各种因素及预防的措施。正确认识训练和比赛中的损伤，使乒乓球运动员认识到只要遵循科学的训练方法、按照正确的技术动作要求做，损伤是可以避免的。

在训练计划中要对乒乓球运动员进行自信心的训练，培养乒乓球运动员不怕吃苦、敢于拼搏、勇于接受挑战的精神。培养乒乓球运动员坚强的意志品质，使乒乓球运动员对自己的能力充满信心，消除消极的思维方式，克服对运动损伤的恐惧心理。另外，在训练和比赛前，在乒乓球运动员对自己的能力有了明确客观的认识评价后，要与乒乓球运动员一起商讨制订切实可行的现实的目标，使乒乓球运动员在不断实现目标的过程中逐渐提升自信。

提高认知水平的另一个方面是对运动动机的培养，特别是内部动机的培养。让乒乓球运动员认识到自己所从事的运动的价值和意义，在运动中能最大限度地体现个人的价值，使乒乓球运动员在运动动机的激励下主动投入训练和比赛。

（四）乒乓球运动损伤中的身体因素的预防

乒乓球运动是一项以技巧性为主、身体体能素质为辅的技能性运动，强调运动员的全身灵活性、预判能力、瞬间反应。赛前热身及赛后放松活动有利于提高比赛成绩，尽快恢复到最佳状态。因此，应科学、有计划地安排热身及放松运动，从而为训练或比赛起到服务作用。

1.乒乓球运动员的热身与放松活动

（1）乒乓球运动的热身。

1）乒乓球运动热身的注意事项。第一，热身前的准备。乒乓球活动多在室内进行。热身前，教练员及运动员应充分考虑当时的天气及环境温度。夏季温度高时，由于体温及肌肉温度上升较快，热身运动时间可适当缩短；当冬季气温寒冷时，运动时间可适当延长。热身活动应临近比赛前进行，持续至开始，因为一旦停止热身，体温会迅速下降，15分钟就可降至热身前的状态。因此，要合理、有计划地安排热身运动时间。第二，强度。热身运动的强度应由低到高，循序渐进地进行。对于热身动作，应减少单个动作的反复练习，增加组合技术练习。同时可配合一些静力性牵拉，以增加肌肉弹性。第三，针对性。乒乓球运动对上肢和躯干部的力量、灵敏性要求极高，应着重进行上肢、躯干部肌肉群的充分预热。

2）乒乓球运动热身的具体实施。

第一，心肺功能的热身。目的是加快心率、升高体温，并增加肌肉中的血流量。准备活动通常是进行5~15分钟的舒缓运动，这可使机体逐渐适应剧烈的运动。选择不同方式锻炼时，准备活动的具体内容有所不同，如跳绳、慢跑、功率自行车等。

第二，肌肉链的拉伸。通过前后方位肌肉的牵拉，可以拉伸臀部肌肉，侧向拉伸可以使侧腰的肌肉得到充分放松。根据这个顺序不仅可以使多块肌肉得以拉伸，还可以加强身体的协调性，有效地预防运动损伤。首先，手支撑行走牵伸：上体前倾，两手撑地，脚固定，手着地前走。然后，身体要完全伸展开牵伸，再还原到初始位置。牵伸后静止15～30秒，重复1～2次。其次，腰部和背部伸展：双脚大跨步分立，双手手臂伸展，弯腰，左手尽可能抓右脚脚面，右手手臂上举。换另一侧重复该动作。最后，侧压腿：单脚向身体旁侧迈出一大步，上身保持挺直，臀部向后降低，后腿伸直，保持10秒钟。

第三，专项技术动作的热身。①与球的结合练习：自抛自接法。将球垂直抛起，球落下时接住；将球垂直抛起，立即原地转360°接球或快速击掌接球。②抓反弹球练习：一手持球站立，将球击向地面或墙面，当球弹起即伸手抓球。熟练后连续进行。③连续抓放台面反弹球练习：手拿球置于球台上方，伸开手指拿球，当球弹起时即用手指向下抓球，一张一合连续抓放。④板面托球练习：原地托球，使球在板面游动，但球不能掉下；板面托球，由慢走到慢跑再到快跑。⑤持拍颠球练习：原地颠球；行进间颠球；用拍面和板面交替颠球；用小拍颠球。

3）乒乓球运动热身的原则。

第一，热身训练应从系统的拉伸活动开始。一般形体训练多数都属于全身性活动，因此，要使全身参与锻炼的肌肉都能得到预热，热身活动就应从全身的系统拉伸活动开始。拉伸时要注意动作缓慢，避免突然用力，被拉伸的那部分肌肉切勿用力。

第二，热身训练应安排全身性活动。全身系统的拉伸活动后，应安排一些全身性的热身活动，如轻微的原地跑跳及原地连续性徒手体操等全身性活动。这些活动能使四肢关节活动范围增大，肌肉的粘滞性降低，有助于运动能力的提高，从而达到较好的锻炼效果。

第三，热身训练的时间和强度应根据具体的情况来安排。热身运动要安排轻松自如、由弱到强适度的练习，热身运动的时间长短、活动量的大小应根据锻炼者的年龄、身体状况、锻炼水平、季节气候等具体情况来安排。一般情况下,热身运动的时间应控制在总锻炼时间的20%左右,活动强度以身体感觉发热、微微出汗为宜。这时全身各部位机能已被调动起来,中枢神经系统的兴奋性提高了,关节的灵活性和肌肉的弹性增加了,各器官系统的活动也加强了,此时进入较大强度的运动,可有效避免肌肉拉伤或关节扭伤的现象出现,确保主要训练内容的顺利完成。

第四,热身训练后的休息要有度。热身训练后一般应休息1～3分钟,然后再进行正式的运动;也可以热身后直接进行锻炼。但应该注意的是,热身活动间歇的时间不能过长,否则会失去热身活动的意义。

(2)乒乓球运动的放松运动。训练或赛后放松运动能放松紧张、疲劳的肌肉,尽快让机体从应激状态过渡到休息恢复状态,从运动状态过渡到安静状态,偿还氧债,减少肌肉中乳酸的堆积,最大限度地恢复体力,使运动员能更好地投入到接下来的日常生活训练中。常用的放松方式包括身体牵拉、放松体操、冥想、冷敷、泡沫轴滚压、热水淋浴及桑拿、按摩等。

2.乒乓球运动员的灵活性与柔韧性

(1)乒乓球运动员的灵活性练习。乒乓球比赛由于场地的限制,需要的速度是短距离起动速度及制动、变换方向的速度,而不是长距离的位移速度;乒乓球运动需要的挥臂速度是体现在肢体远端关节末端(包括球拍),不仅需要踝关节、膝关节、髋关节发力,而且需要肩、肘、腕发力。乒乓球运动需要的灵活性是指转换方向的灵活性,判断反应的灵活性,重心不断变化的灵活性,击球手的灵活性。

在训练中灵活性主要体现在步法上,步法就是脚步移动的方法。步法灵活,运用合适,就可以加快移动的速度,保证合理的击球位置,提高击球的效果,发挥自己的优势。比赛中的每一次击球都离不开移动来取得合适的击球位置,它是争取主动、摆脱被动的重要手段。快速而灵活的步法移动,不仅能保证乒乓球运动员的击球动作正确,而且能提高击球的准确性。因此,移动是乒乓球技术中的主要环节和重要的基本技术,是掌握精湛技术的桥梁,没有步法移动也就没有乒乓球技术。步法移动属无球技术,没有无球技术也就没有有球技术，一切无球技术都是为有球技术服务的。各种打法的不同，来球特点不同，还击方法不同及每个人的特点习惯不同，因此在运用步法上要灵活选择。

（2）乒乓球运动员的柔韧性练习。乒乓球运动员的柔韧性就是关节的柔韧性，评价柔韧性的指标是关节的运动幅度，运动幅度是指人体的运动环绕关节某一转动轴进行转动的最大活动范围，通常用度来表示。关节柔韧性好的乒乓球运动员，技术动作舒展大方、运动幅度大、肌肉有效工作距离长、肌肉爆发力好、动作效果好，同时好的柔韧性还可以避免运动损伤，因此柔韧性是体能训练中一个非常重要的内容，深受教练员的重视。

1）柔韧性练习的原则。

第一，制订适宜的训练计划和方案：柔韧性提高是一个缓慢的过程，根据乒乓球运动员的特点制订适宜的训练目标和计划，系统、循序渐进地提高乒乓球运动员的柔韧性。不能急于求成，更不能强迫，否则容易对乒乓球运动员的生理和心理造成双重伤害。

第二，柔韧性训练前应做好适宜的准备活动：骨骼肌的伸展性与温度有很大的关系，经过适宜的活动，肌肉已经活动开，变热后再进行拉伸练习，可以提高练习效率，同时不容易损伤。准备活动主要包括一般性的有氧运动，如下肢的快走、慢跑、上肢的俯卧撑、哑铃侧上举或侧平举等。

第三，选择正确的姿势：进行柔韧性练习时，先明确训练哪个关节，该关节的哪个肌肉或肌肉群的伸展性，然后选择正确的姿势进行练习。正确的姿势是指肌肉拉长的长度可以自己控制，进行目标肌肉拉伸时其他肌肉不会受到牵连和损伤。教练员只有为乒乓球运动员选择最适宜的拉伸动作，才能达到相应的训练效果。

第四，缓慢、轻柔、多次的原则：按照选择的动作进行柔韧性练习时，相应的肌肉被拉伸，这时注意拉伸动作应该缓慢、轻柔，因为肌肉受到牵拉时，肌肉中的长度感受器被激活，肌肉产生牵张反射，骨骼肌开始收缩产生力量，抵抗拉伸的动作。肌肉被拉伸的速度越快、幅度越大，牵张反射就越剧烈。

采用缓慢、轻柔的肌肉静态拉伸，肌肉牵张反射的强度小，并且超过20秒以上肌肉牵张反射消失，肌肉容易被拉伸。反之，快速、用力地拉伸，肌肉牵张反射强度大，肌肉不容易被拉伸，如果强迫拉伸，肌肉在收缩状态下被迫拉伸，极容易拉伤肌肉，应该严格禁止。肌肉拉伸时乒乓球运动员的自我感觉非常重要，如果感到不适就不要再加大拉伸幅度，如果感觉肌肉疼痛就应该立即停止训练。人体的柔韧性不可能在短时间内就提高很多，必须循序渐进。为了提高训练效果，可以采用一天多次的方法，制订计划，一天内让乒乓球运动员自觉练习1~2次。

第五，静态拉伸为主的原则：乒乓球运动员的柔韧性练习，应采取静态拉伸为主的原则，因为做静态拉伸动作时，乒乓球运动员容易控制拉伸的幅度，静态拉伸时保持在合适的幅度（乒乓球运动员感觉稍有不适，绝对不能感觉到疼痛）持续20~30秒，这是乒乓球运动员柔韧性练习的最重要的原则之一。

2）柔韧性训练的方法。

第一，静态拉伸法包括静态主动拉伸法和静态被动拉伸法。静态主动拉伸法是指利用肌肉收缩产生的拉力去拉伸对抗肌的训练方法。例如，坐姿躯干向一侧转动，就是利用一侧肌肉的主动收缩的力量拉伸另一侧的对抗肌肉。静态被动拉伸法是指人体的部分重量或其他外力拉伸肌肉的训练方法。运动训练中经常采用的主要是静态被动拉伸方法，需要注意的是，一定让重量和外力在乒乓球运动员可控制的范围内。

第二，动态拉伸法是最近开始兴起的一种拉伸方式。动态拉伸是把很多静态拉伸动作组合成一组动作，用动态的方式呈现出来。动态拉伸不仅可以增加柔韧性，还可以提高和保持肌肉的兴奋性。在训练和比赛前，尽量减少静态拉伸，更多采用动态拉伸的方法，以保证运动员的竞技状态。

第三，本体感受改善神经肌肉拉伸法，主要的原理就是减小肌肉拉伸时产生的牵张反射。让拉伸的肌肉主动收缩，收缩肌肉就会产生要"放松休息"的要求，这样减小了肌肉牵张反射，使肌肉容易拉伸。基本的方法有三种：① 静力—放松：静态拉伸肌肉大约10秒钟，然后等长收缩该肌肉6秒钟（如果有教练员帮忙做对抗会更好），最后再次拉伸该肌肉 30 秒钟；②静力—放松/主动收缩：静态拉伸肌肉大约 10 秒钟，然后等长收缩该肌肉 6 秒钟，最后再次拉伸该肌肉 30 秒钟，同时让被拉伸的肌肉主动收缩；③收缩—放松：静态拉伸肌肉大约 10 秒钟，然后向心收缩该肌肉 6 秒钟，再次拉伸该肌肉 30 秒钟。

3. 乒乓球运动员的平衡与协调

（1）平衡训练。平衡是指人体所处的一种稳定状态，以及不论处在何种位置，当运动或受外力作用时，能自动地调整并维持姿势的能力，即当人体重心垂线偏离稳定的支持面时，能立即通过主动的或反射性的活动使重心垂线返回到稳定的支持面内的能力。

1）平衡的分类。平衡主要分为静态平衡、动态平衡。

第一，静态平衡是指人体对某一静态姿势的控制能力，主要依赖于肌肉的等长收缩及关节两侧肌肉的协同收缩来完成，如手膝位的跪立训练。站立、单足站立、倒立、站在平衡木上维持不动或（双手）倒立动作，皆属静态平衡。

第二，动态平衡是指在外力作用于人体时，人体需要不断调整自己的姿势来维持新的平衡的一种能力，主要依赖于肌肉的等张收缩来完成，如平衡板上的站立训练。弹簧床、特技、溜冰与游泳等都需要这种平衡能力。

日常生活动作的完成，大部分都要依赖于静态平衡和动态平衡的维持能力。静态平衡是动态平衡的基础，没有静态平衡的稳定，就没有动态平衡的发展。

如果运动员没有良好的平衡性，就容易身体失衡，发生摔倒及受到对方的打击。相反，如果运动员具备良好的平衡性，可较好地控制身体，并利用身体重心的移动来加快速度。乒乓球运动在比赛过程中，双方都在快速地移动，身体的重心也随着动作的改变而变动，因此乒乓球运动员的动态平衡能力比静态平衡能力更为重要。然而在动态过程中控制平衡比在静态过程中控制平衡更为困难，因此在提高乒乓球运动员平衡能力方面，其静态平衡能力和动态平衡能力的训练都应予以重视。

2）平衡的控制系统。第一，神经系统：主要来自视觉、前庭觉、本体感觉器等，提供了有关身体在空间中位向认知的感觉处理；对于动作控制方面所必要的感觉动作整合，这联结了感觉与动作，以及适应性和预期性（亦即在自发性的动作之前来自中级规则性的姿势调整）；计划、设计和执行平衡反应的动作策略。第二，肌肉骨骼系统：包括姿势的排列、关节的完整性、肌肉的表现（亦指肌肉力量、爆发力、肌耐力），踝关节、膝关节、髋关节的协同运动模式。

3）平衡训练的基本原则。

第一，循序渐进的原则。

支撑面由大到小训练时支撑面积逐渐由大变小，即从最稳定的体位逐步过渡到最不稳定的体位。开始时可以在支撑面积较大或使用辅助器具较多的体位进行训练，当练习者的稳定性提高后，则减小支撑面积或减少辅助器具的使用。例如，开始时进行坐位训练，再逐步过渡至站位，站位训练时两足之间距离逐渐变小至并足，然后单足站立再到足尖站立，逐渐增加平衡训练的难度。开始训练时除了支撑面由大变小外，还应由硬而平整的支撑面逐步过渡到软而不平整的支撑面来进行。例如，开始时在治疗床上进行训练，平衡功能改善后，过渡到软垫上和治疗球上训练。

重心由低到高仰卧位—前臂支撑下的俯卧位—肘膝跪位—双膝跪位—半跪位—坐位—站立位，这样重心由低到高，平衡训练的难度逐渐增加。

从睁眼到闭眼视觉对平衡功能有补偿作用，因而开始训练时可在睁眼状态下进行，当平衡功能改善后，可增加训练难度，在闭眼状态下进行。

从静态平衡到动态平衡，先恢复练习者保持静态平衡的能力，即能独自坐或独自站。静态平衡需要肌肉的等长收缩，因此可以通过训练维持坐或站立的躯干肌肉保持一定的肌张力来达到静态平衡。当练习者具有良好的静态平衡能力之后，再训练动态平衡。动态平衡需要肌肉的等张收缩。在动态平衡的训练过程中，要先训练他动态平衡，即当练习者能保持独自坐或独自站立时，治疗人员从前面、后面、侧面或在对角线的方向上推或拉练习者，将练习者被动地向各个方向推动，使其失去静态平衡的状态，以诱发其平衡反应，然后让练习者回到平衡的位置上。他动态平衡训练中要掌握好力度，逐渐加大，以防出现意外。当练习者对他动态平衡有较好的反应后，训练自动态平衡，即让练习者在复杂性平衡反应位和站立位上完成各种主动或功能性活动，活动范围由小到大。

逐渐增加的平衡训练可在床、椅、地面等稳定的支撑面上，也可在摇板、摇椅、滚筒、大体操球等活动的支撑面上。一般先在稳定的支撑面上，后在活动的支撑面上。为增加难度，可在训练中增加上肢、下肢和躯干的扭动等。

第二，综合训练的原则。存在平衡功能障碍的练习者往往同时具有肌力、肌张力、关节活动度或步态等异常，因此，在进行平衡训练的同时，也要进行肌力、言语、认知、步态等综合性训练，如此才能促进平衡功能的改善，促进练习者各项功能的恢复。

第三，安全训练平衡功能的原则。在监护下，先将练习者被动地向各个方向移动到失衡或接近失衡的点上，然后让他自行返回中位或平衡的位置上。训练中要注意从前面、后面、侧面或在对角线的方向上推或拉练习者，让他达到或接近失衡点；要密切监控以防出现意外，但不能扶牢练习者，否则练习者因无须做出反应而失去效果。一定要让练习者有安全感，否则会因害怕而诱发全身痉挛出现联合反应，加重病理模式。

总而言之，在注意安全性的前提下，因人而异，循序渐进，逐渐增加训练的难度和复杂性，逐步改善平衡功能。

4）乒乓球专项平衡性训练的具体方法。平衡训练的方法有很多，基本理念都是让运动员在可控范围内在平衡—失去平衡—恢复平衡这个循环中往复练习。下面分析一种比较实用的乒乓球专项平衡训练方法。

核心稳定性训练作为一种新兴的现代体能训练方法，最早应用于医学康复领域，目前在竞技体育运动中用于运动体能训练、运动损伤的预防与康复。核心稳定性训练能够提高人体在非稳态下的控制能力，增强平衡能力，更好地训练人体深层的小肌肉群，协调大小肌群的力量输出，增强运动机能，预防运动损伤。

提高运动员的核心稳定性可显著提高乒乓球运动员的整体平衡能力和前后平衡能力，从而有效提高动态平衡能力，其原因是：①提高了运动员的神经肌肉的控制能力，通过核心稳定性训练加强了核心肌群的控制能力，改善了大小肌群的协调能力，增加了中枢神经系统对核心肌群的支配能力，从而提高了运动员的动态平衡能力。②前庭系统的功能增强。在核心稳定性训练中，不稳定状态下的动作能更好地刺激前庭系统。增强内耳的平衡能力。

乒乓球专项平衡性训练的具体方法：采用悬吊训练（sling exercise therapy，S-E-T）来训练运动员核心稳定性。采用悬吊训练方法最早用于康复方面，它是以持久改善肌肉骨骼疾病为目的应用主动治疗和训练的一个总的概念集合。经过多年发展，S-E-T逐渐应用到提高核心稳定性，从而来提高竞技体育训练效果。S-E-T与其他提高核心稳定性的器械相比具有不稳定性强、训练动作种类多、高度可变和训练部位较多等优点，并且可以与平衡性训练相结合，以提高核心稳定性训练和平衡性训练的效果。

第一，腿悬吊踩平衡垫前蹬。开始姿势：身体直立，右脚站立于平衡垫上，左脚踩住悬吊环。训练方法：身体前倾，同时缓慢地前伸小腿，直到感觉拉伸感，缓慢还原动作。完成动作时间1~2秒钟，还原动作2~3秒钟。每组动作20~30次，完成10~15组，再换另一条腿，组间间歇45~60秒钟。注意事项：各动作过程保持上体固定。训练部位：竖脊肌、半腱肌、半膜肌、股二头肌、腓肠肌。

第二，脚踩平衡垫吊双臂单腿前摆下蹲。开始姿势：面对悬吊环站立，双手分握悬吊环，双脚踩住平衡垫。训练方法：身体后倾，同时抬起一条腿前摆悬空。支撑腿缓慢下蹲，动作完成后还原。完成动作时间1~2秒钟，还原动作2~3秒钟。每组动作20~30次，完成10~15组，再换另一条腿，组间间歇45~60秒钟。注意事项：整个动作过程上体固定，支撑腿发力控制平衡。训练部位：股四头肌、竖脊肌、半腱肌、半膜肌。

第三，悬吊单腿前弓步。开始姿势：背向悬吊绳站立，一只脚踩平衡垫，将悬吊环套住另一只脚脚面。训练方法：缓慢下蹲，同时悬吊脚后移成前弓步，直到感觉拉伸感，缓慢还原动作。完成动作时间 1～2 秒钟，还原动作 2～3 秒钟。每组动作 20～30 次，完成 10～15 组，再换另一条腿，组间间歇 45～60 秒钟。注意事项：整个动作过程保持上体固定，支撑腿发力控制平衡。训练部位：股四头肌、竖脊肌、半腱肌、半膜肌、股薄肌。

另外，可借助 Biodex 平衡系统（balance system）和灵巧动态平衡仪（smart blance master）来全方面地训练运动员的平衡能力；还可通过视觉干扰，如减少与阻断视觉来训练平衡能力。注意消除练习者紧张的心理状态，在进行平衡性训练时，应采用各种有效的手段消除练习者恐惧和紧张的心理状态。同时，应注意训练的时间要适当。

（2）协调训练。机体正常的随意运动需要有若干肌肉的共同协作运动，当主动肌收缩时，必有拮抗肌的松弛、固定肌的支持固定和协同肌的协同收缩，才能准确地完成一个动作，肌肉之间的这种配合叫作协调运动能力。协调能力并非一种单纯的运动素质，与运动员机体各器官系统的功能、各运动素质、心理品质和个性特征及技能贮备等联系密切，是各种能力的综合表现，协调能力也是运动技能的基础能力。

在运动中，任何运动技术都是通过身体动作表现出来的，那么协调能力无疑是学习掌握和运用运动技术的前提和基础。因为拥有良好的协调能力有助于运动员迅速而高质量地掌握多种复杂的运动技巧，更好地发挥运动员已具备的各种素质，适应运动时的外部环境（包括对手、场地、气候等），以及完成同样的练习时能更少地消耗能量和避免运动损伤。所以协调能力对各项运动都具有重要作用。对于乒乓球运动而言，动作协调能力直接影响着乒乓球运动员对运动技术的掌握、运用及运动成绩的提高。

1）协调能力的分类。常常把动作的协调能力分为两种：①一般协调性能力，指运动员在进行各种基本运动技能或非专项运动时的协调能力。一般协调性能力支配着各种运动技能的形成和发展，是专项协调能力的基础。②专项协调性能力，指运动员在进行专项运动时的协调能力。表现在运动员可以迅速、省力、准确、流畅地完成专项运动的各种动作。

动作协调能力是可以根据运动结构的复杂性、参与活动的意识水平（心理因素）、动作任务对一般运动器官工作能力的要求（体能因素）来分类，建立动作技能分类框架，可以把动作协调能力由简单到复杂、由易到难分为：①简单反射动作协调（姿势反射水平）；②基本—基础动作协调（潜意识控制水平）；③感知觉—肢体动作协调（意识控制水平）；④体能—躯体复杂动作协调（意志努力水平）。

第一，简单反射动作协调。简单反射是指人生来就有的先天性反射，是一种比较低级的神经活动，由大脑皮层以下的神经中枢（如脑干、脊髓）参与完成。例如，人的手臂在突然收到尖锐物体碰触时，会迅速缩回，这种反射活动是人与生俱来、不学而能的，没有经过大脑，神经中枢在脊髓，脊髓在完成简单反射的同时，会将冲动传到大脑，使人产生感觉。

第二，基本—基础动作协调，就是基本动作类型，就是把反射动作结合成固有动作形式，参与者做出随意动作时要利用这些动作形式，并且大多数复杂性动作是在这些动作形式基础上形成的。

第三，感知觉—肢体动作协调，感知觉也称简单知觉。知觉是多种分析器协同活动的结果，依照知觉过程中起主导作用的分析器来划分，可分为视知觉、听知觉、嗅知觉、味知觉和肤知觉五种。复杂知觉是一种综合的知觉，它需要多种分析器同时参与活动，知觉的对象、内容也较复杂。按所反映对象的性质来划分，复杂知觉可分为时间知觉、空间知觉和运动知觉。

第四，体能—躯体复杂动作协调，是个体在成熟基础上通过学习而得到发展的。

2）影响协调性的因素。第一，运动知觉：指运动员对身体某部分的运动精确调整和控制的能力。在运动中主要表现为带控球、精确传球和控球时的球感。第二，空间判断能力：指从时间和空间上适应球场情况或移动物体的能力。第三，平衡能力：保持身体重心及在失去重心时恢复正常姿势的能力。第四，综合反应能力：对信号做出快速反应的能力，如守门员对近距离射门的反应。第五，节奏感：掌握和适应外界和本身原有节奏的能力，如带控球时的假动作。第六，各项身体素质的发展水平：运动员必须有一定的力量、速度、耐力、灵敏及柔韧性等素质，才能真正地适应复杂的环境变化，做出准确有效的反应。以柔韧性为例，运动员个体主动肌与拮抗肌之间协调关系的改善，以及肌肉收缩与放松调节能力的提高，可以减少拮抗肌紧张而产生的额外阻力，有利于增大运动幅度，而运动幅度的增大本身就意味着协调能力的改善。第七，其他因素：协调性还与遗传、运动技能的贮备及运动员个性心理等因素有关。

3）协调性测定的方法。第一，指鼻试验/对指试验方法：受试者坐位或立位，肩关节外展90°，伸肘，指示受试者用食指尖触及自己的鼻尖或对侧食指的指尖，闭眼情况下不能完成，为感觉性共济失调，无论是闭眼还是睁眼均不能完成，为小脑性共济失调。初时，由于受试者的稳定性较差，可让受试者在稳定的体位，也就是肩部在完全支撑的体位下进行检查，若受试者表现为过分震颤或准确性差，表明近端关节缺乏稳定性。待稳定性稍加强，便可变换体位，减少肩部的支撑再进行检查。第二，跟膝胫试验：受试者仰卧位，抬起一侧下肢，将足跟放在对侧下肢的髌骨上，再沿着胫骨前缘向下移动。感觉性失调障碍的受试者表现为足跟难以找到膝盖。第三，闭目难立征：双足并立站立，足跟碰足尖站立或单足交替支撑站立。有感觉障碍的受试者，表现出站立不稳和震颤明显加重。第四，体位放置：治疗师要求受试者将双上肢前屈90°并保持，或让受试者将膝伸展并保持。第五，旋前旋后试验：受试者坐位，双手放在大腿上，指示受试者快速旋转前臂。小脑性失调受试者表现出协调性、准确性差。

4）协调性训练的基本原则。协调训练应根据功能评定的结果，针对协调功能较弱的原因制定个性化的训练方案。训练方案应遵循循序渐进的原则。第一，系统、有序地进行，如卧位熟练后再到坐位训练。第二，从容易做的动作开始，从单纯的动作到复杂的动作。第三，运动的范围和速度：大范围的运动比小范围的运动容易，快速运动比缓慢运动容易。第四，先睁眼后闭眼：最初睁眼做动作，熟练之后可闭眼，最后闭眼做动作。第五，次数：一个动作连续做三或四次。第六，休息：一个动作完成后，休息的时间应不短于完成动作所花费的时间。

4.乒乓球运动员的核心力量

在运动能力发展过程中力量训练可能是最重要的部分，因为它是很多其他身体素质的基础。力量及它的所有表现在维持姿势中都起着关键作用。对于速度和跳跃而言，力量是先决条件。在运动损伤的预防中，力量也是一个决定性的因素。在运动发展过程中，一些力量训练一直存在。

力量是肌肉或肌群在单一最大用力抵抗阻力可测量到的最大力量。力量素质是速度、速度耐力、灵敏和弹跳等素质的基础。可分为以速度主导的力量和以力量主导的力量。因此，对于乒乓球运动而言，除了肌肉力量外，肌肉爆发力也是很重要的。肌肉爆发力为单位时间内肌肉做的功，也就是执行动作的速率。力量主导的力量特征是通过大力量对抗外界阻力。速度主导的力量特征是限制性对抗阻力。力量的获得还涉及其他一些因素，神经肌肉的、肌肉的、生物化学的、结构的和生物力学等方面的因素。因为所有的因素都是互相依存的，所以理想的力量训练计划应在设计时将这些因素都考虑到并执行。

（1）影响力量的基本因素。力量素质是通过肌肉的工作表现出来的，因此，不同于其他素质的肌肉活动，力量素质具有其特殊性。苏联运动训练学专家普拉比诺夫将决定运动员力量素质发展水平的基本因素归纳为：①形态学因素，包括肌肉横截面，肌纤维的类型及其比例，肌肉和肌腱的伸展性，骨组织的变化等。②能量因素，如磷酸化合物的储备，肌肉和肝脏内的糖原储备，外周血液循环的效果等。③神经调节因素，如运动神经发放的脉冲及其频率，肌肉的协调等。此外，人体骨杠杆的类型及其各种力学条件下的机械效益对力量素质也有较大的影响。

（2）力量对乒乓球运动员的重要性。力量素质是乒乓球运动员的基础素质，它影响并促进其他素质，也是乒乓球运动员掌握运动技能、提高运动成绩的基础。例如，爆发力（快速力量）是乒乓球运动员最重要的素质，运动员没有良好的爆发力,爆发性的运动就不可能完成,因此对于低水平的运动员可以结合技战术训练和运用跳跃练习来发展爆发力;力量耐力能使运动员在整个比赛中保持恒定的较高水平的活力,也可促进爆发性运动后的恢复,对于低水平的运动员不要单独进行力量耐力训练,可采用模拟比赛的形式进行练习;运动员应发展符合乒乓球需要的最大力量,肌肉力量训练的重点应在发展运动员的肩部的爆发力上。而肩部力量的稳定发挥需要核心区力量的保证,所以乒乓球运动员要具备良好的核心力量。

核心通常指我们所说的躯干,包括脊柱、骨盆及其周围的肌群。主要集群包括腹肌群、背肌群、横膈肌、骨盆底肌、交错骨盆及下肢的肌肉群。核心力量则指核心部位的肌肉、韧带、结缔组织的力量及它们之间的协作。核心力量练习与传统力量练习相比,其运动方式为多关节运动,且对机体核心部位及深层小肌肉的训练效果更佳。作为人体力量传递的"中转站",核心部位力量水平的提高,为力量的发力创建支点,促使机体在做技术动作时,稳定性与协调性条件更加扎实,尤其对比赛中体能保持的意义重大。

(3)核心力量训练的主要作用。

1)夯实击球时机体的稳定性。乒乓球运动中,球被赋予旋转与多变的"色彩"。从解剖学角度讲,任何一次进攻或防守动态变化,都伴随身体重心的改变。因此,对机体核心稳定性提出了更高要求。核心稳定性是指在整体的运动链中,身体核心区产生力,利用对躯干的姿态及动作的控制,将力量传输至四肢远端而产生完成动作的能力。而这种能力的体现则取决于核心力量的水平。其多频次练习,可以激发神经控制肌肉的能力,夯实乒乓球运动中击球时机体的稳定性。

2)增强乒乓球运动中的挥拍力量,提高步法移动速度。依靠多关节同时运动的乒乓球挥拍动作,要求动量传递过程中做到效果最大化,实现肌肉"动作链"上力量"高效叠加"。特别是在转腰发力等重要的力量传递环节,核心力量为四肢力量创建支点,包容动量链上的各个环节,保证机体高能量输出,整体增强乒乓球运动员的挥拍力量。

同样，步法移动迅速，也是乒乓球运动员需要掌握的能力。为了在最有利的时空条件下做到有效击球，必须快速移动步伐。协调能力好、核心力量强的乒乓球运动员在步法移动过程中摆动腿骨后肌群放电量较少，而核心力量差的运动员腿部骨后肌群放电量增大。这也说明，核心力量的提高，可以使运动员腿部肌肉完成一次腾空落地后，能够再一次高功率地蹬地发力，从而提高步法移动速度。

3）有效预防运动损伤。乒乓球运动中，不正确的发力极易造成腰椎受损。因为此处附着的肌肉较少，在机体力量自下而上传递过程中，若核心力量水平不足，传递会受阻。大量能量堆积在腰椎部位，造成损伤。力量水平不足的运动员，进行剧烈的乒乓球运动时，腰椎损伤更为频繁。因此，加强身体核心部位力量练习是极为必要的。

（4）乒乓球运动员的核心力量训练。

核心力量训练是指针对身体核心肌群及其深层小肌肉进行的力量、稳定、平衡等能力的训练。核心力量训练是其他运动能力，诸如速度、灵敏、协调等素质训练的基础。核心力量训练是偏重神经肌肉系统的训练，训练时要求运动员集中精力，慢慢地建立神经对肌肉的支配能力和对所训练的肌肉的自我感知能力。核心力量训练与传统力量训练的本质不同是在核心力量训练中增加了一个"不稳定因素"，增加的这一不稳定因素不仅增加了力量训练的难度，而且为传统力量训练增添了鲜活的因素。

1）乒乓球运动员核心力量训练的原则。

第一，乒乓球核心力量训练静力性练习要根据个人能力而定，每个练习动作保持30～60秒，动态动作次数和组数根据动作的难易程度而定，练习时间和间歇时间一般保持在1∶2。

第二，核心力量训练不管是静力性练习还是动力性练习，一定要保证练习的动作质量，在确保练习动作准确到位的情况下进行练习。练习时一定要有耐心，因为核心力量训练比传统的四肢力量和躯干力量训练见效慢。

第三，核心力量训练的负荷主要以克服自身体重和较轻的负荷为主，其主要原因在于：①人体核心部位的骨骼、肌肉、韧带及周围的结缔组织都明显弱于四肢，核心部位是人体的一个薄弱环节，而主要参与维持核心部位稳定的深层肌肉更是一些小肌肉群，这些肌肉不可能承受大的负荷，所以核心力量训练应该以小负荷为主；②在非稳定环境下练习是核心力量训练的重要手段，对于运动员而言，克服非稳定条件本身强度就比较大，因此在这种条件下运动员的负荷不宜过大。

第四，在动态的核心力量训练时，其练习动作应该从缓慢的、准确的、能够控制的一维平面开始，在保证动作质量的前提下加快动作速度和动作维度。在练习的初期，教练员一定要尽可能多地向运动员反馈信息，确保练习动作准确到位。在运动员熟练掌握了练习动作以后，运动员要尽量减少外部的反馈信息，增加内部反馈信息，依靠本体感受控制肌肉的紧张度，调节动作，逐渐体会神经支配肌肉的能力。

2）乒乓球运动员核心力量训练的难度分级。核心力量训练同样应该遵循由易到难的力量训练原则，由稳定环境下练习向不稳定环境下练习过渡，由静力性练习向动力性练习过渡，由徒手练习向抗阻练习过渡。根据核心力量训练的原则，乒乓球核心力量训练可以分为三个难度等级：①由稳定到非稳定；②由静态到动态；③由徒手到负重。在核心力量训练时，不论乒乓球运动员的水平高低都要遵循这三个难度等级从而逐步深入。

从核心力量训练的难度分级可以看出，该力量训练的特点并不在于训练的高强度和快速度，而在于练习动作的规范性和准确性。运动员在做各种练习时一定要注意体会核心肌群的用力和对身体重心的控制能力，在多次反复地对核心肌肉的控制及对多块肌肉不同收缩力量的调节中渐渐体会神经对核心肌肉的支配能力，提高核心部位的稳定性，以及在稳定与不稳定之间的快速变换。因此，高水平的核心力量训练主要体现在运动员对核心部位深入和细致的感知上，以及神经对核心部位肌肉准确的支配和控制上。

3）核心力量常用的徒手练习方法。

第一，拱桥练习。拱桥练习方法：仰面躺在地面上，膝盖弯曲，双脚平放在地上，分开与肩同宽。双臂自然放在身体两侧，手掌朝下（或将双手放置胸前抱肩）。做一个深呼吸，在收缩腹部的时候呼气，然后慢慢地弯曲髋关节，抬起臀部，用臀部和下背部（而不是手臂）抬起身体。用肩膀上部来支撑住上半部身体（而不是颈部），仅仅用手来保持平衡。保持这个动作10～15秒钟，放松，然后重复做一次。注意：如果有颈部疼痛的问题，就不要做这个动作了。

第二，八级腹桥。八级腹桥的练习方法：第一级，起始俯卧撑动作保持1分钟；第二级，在此基础上抬起右手向前平伸，保持15秒；第三级，放下右手抬起左手，保持15秒；第四级，放下左手，抬起右腿向后平伸，保持15秒；第五级，放下右腿，向后平伸左腿，保持15秒；第六级，保持左腿平伸，同时抬起右手，保持15秒；第七级，放下左腿与右手，然后抬起左手与右腿，保持15秒；第八级，回归起始动作保持30秒。

第三，侧桥练习。侧桥练习方法：首先侧卧在软垫上，手臂弯曲约至90°支撑身体，身体头部、背部、臀部、双脚应该保持一条直线。然后如此将身体向上抬起至整个身体成一直线。保持动作10～30秒，初学者可以10秒为起步，随着肌耐力不断提高，延长支撑时间。变化：可以伸直手臂代替弯曲手臂、用软垫/厚毛巾垫于手臂下，避免因过度承受压力而受伤。

第四，仰卧提腿。仰卧提腿练习方法：仰卧，手放到臀部下方，头稍微离地（这样可以锻炼颈部肌肉），腿笔直，脚踝伸直，脚跟离地约15厘米，膝盖不要弯曲，缓慢将腿提高，与地面的夹角约60°，保持3秒后，将腿放下。

第五，俄罗斯回转。俄罗斯回转练习方法：坐姿，手交叉，提膝，脚离地，空中回转，左肘部接触右膝，右肘部接触左膝，做到力竭。注意：在这个过程中，一直保持脚面离地。

第六，仰卧单车。仰卧单车练习方法：仰卧，双手抱头，一条腿完全屈伸，离地面10～15厘米，另一条腿膝盖屈伸至胸前，尝试去够异侧的肘部，然后，开始仰卧单车的动作，收腿，伸直另一条腿，去够异侧的肘部。注意：要确保伸展腿在完整伸直后再回收，确保动作缓慢，以达到最佳的锻炼效果。

对于乒乓球运动员而言，核心力量训练的主要作用在于稳定核心部位，提高运动员身体的控制力和平衡能力；加强神经对肌肉的支配，提高技术动作的稳定性；减少能量消耗，提高工作效率；预防运动损伤。核心力量训练对全面均衡地提升乒乓球运动员的力量素质有着至关重要的作用，是运动员体能训练中不可或缺的一部分，也是提高运动员各项运动素质的重要前提。它作为一种有效的力量训练方式，应该成为乒乓球运动员体能训练的重要组成部分。

核心力量训练是近年来进入竞技体育领域的新鲜事物，与传统力量训练有着本质上的区别。核心力量在乒乓球运动领域中的应用不仅需要科学的引导，更需要各级教练员和运动员长时间的摸索和实践。采取科学、有效的训练方法与手段提高乒乓球运动员的核心力量是值得推广的。

第七章

乒乓球运动的身心训练

第一节 乒乓球运动的身体训练

一、乒乓球运动中身体训练的作用分析

身体训练是指运用各种身体练习的方法和手段，以有效地影响人体各组织与器官机能、代谢及形态结构，从而达到促进健康，提高竞技能力的目的。乒乓球身体训练包括一般身体训练和专项身体训练：一般身体训练是指发展运动员速度、力量等基本素质为主要目的的身体训练；专项身体训练是指针对乒乓球专项特点而进行的身体训练，它是技战术训练的基础。目前乒乓球比赛日趋激烈，这对运动员身体素质提出了更高的要求，良好的身体素质，是形成和保持良好竞技状态，承担大负荷训练和胜任激烈的比赛必不可少的重要条件，也是提高运动成绩的根本保证。同时，还能培养勇敢顽强、吃苦耐劳的意志品质。优秀的乒乓球运动员是非常重视身体训练的。打好乒乓球比赛有三个要素：即动作要快，力量要重，旋转要强。打球不是靠球拍，要靠自己的体能。

二、乒乓球运动中身体训练的基本原则

一般身体训练是指发展运动员的综合身体素质的训练，主要包括发展力量、速度、耐力、柔韧和灵敏性的训练。它是专项身体训练的基础，在训练时必须要遵循以下锻炼身体的原则：从实际出发原则、循序渐进原则、持之以恒原则、全面锻炼原则。

（1）从实际出发原则。从实际出发的原则是指训练应从运动员的实际情况出发，确定锻炼目的、选择适宜的运动项目、合理地安排运动时间和运动负荷。这是增强身体素质及提高运动水平必须遵循的科学规律。

（2）循序渐进原则。循序渐进原则主要是指在安排锻炼内容、难度、时间及负荷等方面要有计划、有步骤地逐步提高要求。增强体质的过程是有序的、逐步的，因为人体生理机能对外界的环境的变化，逐步有一个适应的过程，这个过程就是人体的能力适应各种环境变化的提高过程。

（3）持之以恒原则。身体训练要有连续性和系统性，坚持常年的体育训练，才能使体质不断增强，提高运动技术水平。

（4）全面锻炼原则。全面锻炼身体原则是指：通过体育训练，改善身体形态、机能，提高身体素质，促进人体的全面发展。

三、乒乓球运动中身体训练的具体要求

身体训练着重发展运动员的力量、速度、耐力、柔韧和灵敏性，在训练过程中根据乒乓球运动的特点，有计划、全面地、系统地进行科学的训练。具体要求如下：

（1）坚持全年系统训练。在一般全面身体素质训练的基础上，紧密结合乒乓球运动各种打法的特点，有针对性地进行专项素质训练。

（2）科学地安排各项身体素质训练的内容、比例与先后顺序。在内容的选择上，首先要根据乒乓球运动项目的特点来确定。乒乓球运动员应首先发展专项速度素质和灵敏素质，其依据是，在乒乓球比赛中，判断—反应—起

动—移动—摆臂等要快速，这就要求乒乓球运动员有良好的专项速度素质和灵敏素质。而专项力量训练对提高神经系统兴奋与抑制过程的强度有帮助，它有助于发展专项速度素质。还要相应发展专项耐力素质。依据是，在实践方面，正式比赛 9~10 天，越到比赛后期，越紧张激烈，因而对耐力的要求也越高；在理论方面，乒乓球运动所需的耐力，是一种强度经常转换并与速度和灵敏度密切结合的专门性耐力。其次要根据乒乓球运动主要技术动作特点来确定。乒乓球技术动作主要有：正手技术动作——拉、冲、打、挑、搓（削）等，反手技术动作——拉、打、冲、拨（推）、搓（削）等，以及与之配合的各种步法移动。要很好地完成这些技术动作，就必须具备良好的专项素质。要使专项速度、力量等素质真正符合每一项技术动作的需要，就必须注意所选用的专项身体训练内容的动作结构，肌肉用力形式要尽量与之相似。身体训练与技战术训练的比例要适当，并要因人而异。在乒乓球不同训练时期应有所侧重，只有这样才能使专项素质练习发挥实际效果，才能更好地促使技术的提高。

（3）训练的手段、方法应灵活多样。这样可以激发练习者的兴趣，提高训练时的积极性和兴奋性，同时要重视训练效果，保证训练质量。

（4）身体训练前应做好准备活动，防止运动损伤。身体训练前要做好准备活动，身体训练后做好整理活动，以利于恢复，同时加强医务监督。

四、乒乓球运动中身体训练的方法

（一）乒乓球运动中一般身体训练的方法

（1）力量素质。力量素质的提高，可以增加肌肉的体积和提高运动成绩，合理的力量练习可以促进骨骼的生长发育，还可以增大关节的稳固性，提高关节的灵活性。力量素质可以分为动力性力量和静力性力量。肌肉以等张形式收缩而产生的力量，称为动力性力量，又可分为绝对力量和快速力量。在单位时间内肌肉快速收缩而产生的力量，称为快速力量，即爆发力。根据乒乓球运动的特点，应重点发展快速力量。多以负重形式进行。

（2）速度素质。速度是指人体在运动时身体各部位肌肉收缩和放松交替过程的快慢。它包括人体某一部位的移动速度和整个身体重心的移动速度。发展速度素质的训练方法：各种跑的练习，包括原地快速摆臂、左右跨跳练习、30米、60米、100米跑，可以采用加速跑、变速跑、上下坡跑，还可以采用游戏的方式，增加运动员练习的兴趣。

（3）耐力素质。耐力素质是指人体长时间进行肌肉活动的能力。分为一般耐力、速度耐力和力量耐力。发展耐力素质的方法：各种距离的长跑（如1 500米、3 000米），变速跑、跳绳等。

（4）柔韧素质。柔韧性是人的基本素质之一。它是指人体各关节活动范围的大小及肌肉、肌腱、韧带等软组织的伸展能力。从其与专项的关系上看，分为一般柔韧性和专项柔韧性。从其外部运动状态上看，可分为动力柔韧性和静力柔韧性。从完成柔韧性练习的表现上看，可分为主动柔韧性和被动柔韧性。柔韧性练习一般可包括以下三种类型的伸展运动：

静止的伸展运动（推荐在各种运动前做此项运动）：可以很大程度地增加身体柔韧性，且不会产生肌肉疼痛。选择伸展某一关节或肌肉，做一个能够几乎完全伸展的姿势，并保持20～30秒钟，然后放松。再做一个比第一次伸展范围更大的姿势，并保持20～30秒钟，放松。然后做一个比第二次伸展更大的姿势，并保持20～30秒钟。选择伸展另一关节或肌肉。

PNF伸展运动：使肌肉的柔韧性和长度得到最大的提高。需要一位健身指导或一位有经验的伙伴。做一个能够完全伸展关节或肌肉的姿势，同时尽可能使伸展了的肌肉收缩。这可以减轻伸展肌肉和肌腱的感觉，使身体可移动到更伸展的位置。

冲击式的伸展运动（尽量不要做）：突然迫使某关节伸展到一个很大角度。这是为特定运动做的特定的伸展运动。有很大撕裂肌肉和肌腱组织的危险。

（5）灵敏素质。灵敏素质是人体在各种条件下，能协调地完成复杂动作的能力。实质上是中枢神经对运动器官的支配能力，表现为完成动作的准确与快慢程度，它包括反应、协调性和动作幅度等因素。

（二）乒乓球运动中专项身体训练的方法

在使用乒乓球专项身体素质训练方法的过程中，首先要解决的一个问题是，如何使繁多的专项身体素质训练方法，变成一个符合乒乓球专项身体训练规律，符合乒乓球运动实际情况，有序且有明确针对性的练习体系。

1.专项身体训练中力量的训练

乒乓运动最重要的是快速力量（爆发力）即单位时间肌肉所能达到的最大力量。发展爆发力，应以中等负荷（极限负重的40%～60%）、重复多次的方式为主，以保证快速有力。

（1）发展上肢专项力量。①采用轻量哑铃规定时间做各种挥拍动作计数练习、持重拍挥臂练习；②正握持哑铃弯举，同时做外旋动作练习、持瓶转手腕练习；③反握持哑铃弯举，同时做内旋动作练习；④双手持哑铃于肩上，做前臂绕环（向外、向内绕环练习）；⑤采用多球扣杀半高球练习，规定一定的板数或时间。

（2）发展下肢专项力量。①用杠铃负重半蹲，做静力练习或下蹲做慢速度动力练习；②用杠铃负重做侧滑步、侧跨步、跳跃的练习；③腿、手绑沙袋做各种专项训练；④快速提踵练习，单、双脚连续跳跃障碍练习。

2.专项身体训练中速度的训练

对乒乓运动而言，速度主要包括反应速度、动作速度和移动速度。乒乓球专项的速度是非周期性的，尽管有一定的规律性，但每次击球时都有不同。应以快速重复的练习方式为主。

（1）提高反应速度的练习。提高乒乓球专项反应速度，首先是通过练习者视觉听觉对信号的辨别，经过判断然后做出快速的反应和正确的动作来。因此，反应速度练习就是练习者根据信号做出迅速的反应。信号可以采用动作、手势、声音等形式。①根据教师的口令做快速挥拍练习。②观察教师的手势或信号；沿球台做不同方向的快速滑步练习。③听（看）信号急停、急跑。

④用多球做左、右与前、后摆速、击球练习。

（2）提高移动速度的练习。乒乓球运动员的移动速度是指在最短的时间内，通过步法的移动，迅速到达击球的位置的能力，提高专项移动速度，应尽量结合打乒乓球的步法特点进行练习。①左右移动的步法练习。"40～60"为一组；②左右跨跳（以1/2球台宽度为界）。"40～60"为一组；③推、侧、扑步法练习；④长短球步法练习；⑤用多球提高步法移动速度。

3. 专项身体训练中耐力的训练

乒乓球比赛中，要求准确判断—快速反应—快速移动—合理挥臂—准确击球。在快速运动时，从挥拍击球到回合间隙，运动强度不断变化所面临的正是一种间隙性无氧状态。相应的安排发展专项耐力素质为主的练习形式。

（1）连续杀高球练习。

（2）多球训练。

（3）3分钟连续发球练习。

4. 专项身体训练中灵敏的训练

乒乓球运动时的灵敏素质，本质上是中枢神经系统对运动器官的支配能力。练习时应以完成动作的准确性与快速程度（包括：反应、协调和动作的幅度等）的练习形式为主。

（1）运用各种步法接抛向不同方向的乒乓球。

（2）看手势做步法移动并做出相应动作。

（3）多球练习中的不定点摆速。

（4）两个持拍相互击接旋转球。

（5）球台上两球对击游戏。

（6）交叉步侧向跑。

（7）推—侧—扑手步法练习。

（8）左右摆速挥拍练习。

（9）多球推挡侧身攻练习速度素质。

第二节　乒乓球运动的心理训练

一、乒乓球运动中心理训练的意义与作用

（一）乒乓球运动中心理训练的意义

心理训练是现代运动训练的重要组成部分，它同身体训练、技术训练和战术训练一起构成了现代运动训练的完整体系。心理训练是有意识、有目的地对运动员的心理过程和个性心理特征施加影响的过程，使运动员专项运动所需要的心理素质不断增强与提高，以利于运动员在训练和比赛中充分发挥技战术水平，取得优异成绩。

运动员的心理状态直接影响其身体能力，以及技术和战术水平的发挥，在高水平的竞技比赛中表现得尤为突出。具备良好心理品质的运动员在不利情况下超常发挥体能、技战术而转变赛场上的不利局面，最终取得比赛胜利的事例屡见不鲜。同时也存在着在比赛极为有利的局面下，由于心理方面出了问题，思想上患得患失，导致注意力不集中，技术动作变形，肌肉发僵，失误增多等现象，最终痛失大好局面。因此为了在比赛中充分发挥自己的技战术水平，既要有良好的身体素质为基础，又要有良好的心理品质作保证。

（二）乒乓球运动中心理训练的作用

心理训练的作用主要在于促进运动员心理过程的不断完善，形成专项运动所需要的良好个性心理特征，获得较高水平的心理能量储备，使其心理状态适应训练和比赛的要求，为提高技战术水平及获得最佳竞技状态，创造优异成绩，奠定良好的心理基础。具体地说，有以下方面的作用：

1. 有利于消除心理的障碍

心理训练的作用，不仅限于对心理活动能力提高或降低的调节，它还有消除和治疗某些以往形成的心理障碍的作用。在训练和比赛中，由于技术失常、比赛失败，往往会造成心理上的障碍。如临场情绪过敏，动机不足，运动感迟钝等。对此，一般需要采用专门心理恢复和治疗手段，不能用身体训练和技术训练的方法代替，不能单纯依靠自然恢复，心理方面存在的问题，要用心理学的方法去克服。

2. 提高心理活动的水平

心理状态是训练者在练习和比赛中控制自己的心理活动和技术动作的主要因素。心理活动水平低，就难以对生理活动和技术动作进行有效的控制。在这种情况下，尽管具有较好的身体素质和较高水平的技术，也不能使其充分发挥出理想的水平，甚至有明显失常状态的发生。不适宜的心理状态容易使人产生心理紧张，导致肌肉动作缺乏准确性，动作变形，影响技术的正常发挥。为此，必须用心理训练的方法，提高心理活动水平，使其具有较高水平的自我控制能力。

3. 提高心理活动的强度

在训练和比赛中，运动员要具有一定的心理活动强度。强度不足，无法实现对技术动作的主导作用，但这种心理活动的强度要适宜，否则对技术动作的调节易造成失误。运动技术动作的完成，要求身心力量平衡，身心任何一方没有达到适宜的需要，都会使身心平衡状态不能达到最佳，导致技术动作的变形，影响训练和比赛的效果。通过心理训练可使其维持好身心力量的平衡，获得最佳的竞技状态。

二、乒乓球运动中心理训练的主要内容

乒乓球运动属于以技能为主导，技能、体能、智能相结合的项目。它具有球体小而轻、速度快、旋转变化多、精确度高、技巧性强、对抗性强等特点，比赛气氛紧张激烈，比赛对手的打法各不相同，比赛中比分变化难以预料。

为了在比赛时能发挥出运动员身体、技战术方面的优势，要求乒乓球运动员具有积极而稳定的情绪，勇敢顽强的意志，机智果断的品质和较高水平的自我控制能力，才能适应专项训练和比赛的需要。心理训练的效果是要通过长期的、有针对性的训练才能取得。心理训练是一个长期的任务，要贯彻到日常生活中去，不要局限在运动场上。生活中训练和在比赛中训练是相辅相成的，只注重临场的心理训练而忽视日常生活中的心理训练，不利于训练效果的巩固，而且会受到日常心理习惯的抵制，使心理训练不能取得预期的效果。概括而言，心理训练的内容应从以下方面着手：

（一）坚强的意志品质

意志是人为了实现确定的目标而支配自己的行动，并在行动时自觉克服困难的心理过程。意志品质是在意志行动的各个阶段所表现出的稳定的行为特征。乒乓球运动员在训练和比赛中总是面临极大的困难和挑战，为了创造优异运动成绩、争荣誉、夺金牌，运动员要面对各种压力，这就要求运动员特别注意培养良好的意志品质、提高训练的自觉性、解决问题的果断性、培养坚忍不拔的毅力。良好的意志品质只有经过长期训练和比赛的磨练才能形成。

（二）精确的运动知觉

乒乓球运动员应具有精确的运动知觉，具有准确控制各种动作和空间定向的能力。击球时的拍形、击球点、用力的大小，以及步法的移动，都需要运动员有准确的控制能力。经过长期的训练和比赛得以发展提高，形成良好的"球感""时间感"，具体体现在可以非常精确地感受来球的方向、速度、旋转。凭借这种感知觉，精确协调地发挥自己的技术动作，对来球有良好的控制。运动心理学称之为专门化知觉过程，这对乒乓球专项运动员有非常重要的意义。

（三）注意力的稳定性与转移能力

注意力是人的心理活动的指向性和集中性。人们能把注意力持久地指向和集中于同一事物，这就是注意力的稳定性。由于乒乓球比赛的攻防变化节奏非常快，对运动员集中注意力的要求很高，不仅把注意力集中在观察、判断对手的动作及来球的速度、方向、旋转上，而且还应合理分配和转移自己的注意力，才能不被赛场的突发情况、观众的情绪以及裁判的行为所干扰，适应乒乓球比赛场上瞬息万变的情况。运动员应善于把自己的心理活动有意识的集中注意在某一事物上，并且可以转移并集中于当时所应指向和集中的另一事物上。

（四）良好的思维敏捷性与灵活性

思维的敏捷性和灵活性，表现为对面临问题能够做出迅速反应，并根据情况的变化能做出及时的调整。乒乓球比赛攻防节奏快，旋转变化多，运动员要善于分析对手的心理和技战术特点，要善于动脑筋打球，做到扬长避短、有的放矢。在仔细观察和敏捷思维的基础上，及时做出战术决策，否则很难应对比赛的情况，无法取得比赛的主动。乒乓球比赛瞬息万变，当对手改变打法时，要善于摆脱先前建立的那些联系，尽快适应对手的变化，这种迅速的思维活动就是思维的灵活性，通常称为"应变能力"。运动员的快速应变能力取决于训练过程中培养的战术素养。通过对战术的灵活运用把自己的意图付诸实施，牢牢控制比赛的主动权。

（五）稳定的情绪与控制能力

情绪是人对客观事物的一种反映形式，是人对客观事物是否符合自己所需要的态度的体验。情绪是一种心理行为，是由环境的特异变化引起的。人在运动中表现出的情绪状态会直接影响技术水平的发挥，乒乓球运动员在训练和比赛中应具备乐观积极的心境，强烈的热情和激情，这是鼓励运动员积极行动的动力。有助于激发人的求胜心理和斗志,调动潜在的能力,提高效率。乒乓球比赛变化多,对于场上出现的突发情况,运动员要有良好的应激能力,避免不利因素的干扰,即刻做出准确的应答动作,而稳定的情绪和控制能力,有利于振奋精神,提高运动能力,创造优异成绩。

三、乒乓球运动中常用的心理训练方法

运动员的心理训练,是指训练运动员为完成专项运动所需要的心理因素得到稳定的加强和提高,并学会调节心理状态的各种方法,控制好比赛前和比赛时的心理活动,最大限度地发挥运动员的技战术水平。由于每一名运动员的个性心理特点不同,训练中要根据运动员的不同特点,采用相适应的训练方法和手段区别对待,才能达到良好的训练效果。心理训练不能只局限在训练和竞赛中,还应渗透到日常生活中去。

(一)模拟训练

模拟训练就是针对比赛中可能出现的情况进行反复练习,为运动员参加比赛做好适应性准备。这种训练的前提条件是必须对比赛的对手、环境等方面有充分的了解,做出正确的判断与分析,然后,有针对性地训练,提高运动员临场比赛时的适应能力,在头脑中建立合理的动力定型结构,以便使技战术在千变万化的情况下得到正常发挥。如果缺乏这方面训练,运动员对赛场上突如其来的意外情况缺乏必要的心理准备,可能导致技战术不能充分发挥,甚至造成比赛中失常的现象发生。

乒乓球模拟训练所包含的内容很广,应根据比赛的实际情况和运动员的特点来确定。如提高身体负荷水平的超量模拟训练;提高技战术水平的克服各种障碍的模拟训练;提高心理负荷水平的对手特点的模拟训练;反败为胜的模拟训练;裁判偏袒对方的模拟训练和观众情绪影响的模拟训练等。模拟训练的具体方法有以下方面:

(1)模拟对手特点。根据收集到比赛对手的情报,进行专门模拟比赛对

手的技战术打法、比赛风格等特点，或专和与对手打法特点相似的队员进行练习。通过模拟，了解和适应比赛对手的情况，使其做到知己知彼，心中有数，增强获胜信心。

（2）模拟可能出现的赛场局面。在高水平的比赛中，场上情况变化莫测，意想不到的情况经常发生，这就需要参赛者有对突发局势变化的应对能力。乒乓球比赛 11 分制规则的改革，使比赛的节奏明显加快，提高了比赛的激烈程度，对比分情况要有良好的心态，无论领先或是落后，都要发挥出应有的技战术水平。训练中可模拟各种比分时的形势，或裁判员有意出现错误判罚，改变赛场局势。通过这种方法，可锻炼运动员比赛时的稳定情绪和随机应变能力。

（3）模拟赛场气氛。比赛时，赛场上的热烈气氛容易分散参赛者的注意力，产生紧张情绪，因此训练时可模拟这种环境，营造一个非常热烈的气氛。例如：可组织观众观看比赛，加油呐喊；或采用放观众噪声录音的形式，尽量接近竞赛时的实际情况，提高运动员的适应能力。

（二）动机训练

动机是推动学习和训练的内部动力，是激励人们从事活动的主观动因。运动员必须在良好的动机支持下发展专项运动的稳定兴趣和能力。一个人对训练和比赛具有强烈的动机，就会勇于克服困难去争取胜利。

帮助运动员形成正确动机可以采取说服动员的方法。在进行训练和比赛之前，通过言语分析，帮助运动员认识有利的客观条件和自身潜力，这种说服动员方法，如果使用得当，具有针对性，可以收到较好的效果。采用言语说服动员的方法，要求谈话者具有权威性，论据充分符合实际，如此才能起到鼓励作用。除此之外，战绩回忆也经常用于动机训练中。有些人缺乏运动动机，是由于过多地想到了自身的不利方面，忽视有利因素的结果。对此，单纯采用说服动员的方法不一定能改变动机状态，战绩回忆是一种独特的动机训练方法。

战绩回忆的具体做法是让被训者处于自我放松的状态，在恢复身心力量的基础上，诱导他回忆自己最佳的运动训练和比赛的情景。回忆战胜对手的比赛情景，重视积极的情感体验，对训练或比赛能起到推动作用，能提高运动员的活动能力和效果。被训者可以在表象追忆中重新认识到自己有利的身体、技术、心理素质的优势，从优势中找到潜在的力量，使暂时被失利因素压抑的心理力量唤发出来，达到增强运动动机，提高信心的目的。

（三）表象训练

表象训练是指有意识地在自己的头脑中重现已经形成的动作表象。良好的表象训练可使运动员原有的暂时神经联系恢复，形成精确的运动知觉，提高动作的熟练程度，有利于建立和巩固正确动作的动力定型，减少运动员的各种焦虑，克服心理障碍，增强自信心。

为了提高运动技术水平，加强运动表象、想象和思维等在技术动作形成中的作用，可以采用回忆技术动作的表象训练方法，这一心理训练方法的主要特点是：回忆学过的技术动作形象，使技术动作的主要部位在表象中出现，以便根据动作表象进行技术动作练习，在此基础上，进一步形成技术动作的概念，加深对技术动作的理解和掌握。在平时的训练中，教练员应该要求运动员经常注意体会自己成功运用某一技术、战术的各种感觉，包括动作结构、要领、关键及细节部分等。例如，在还击来球时，位置的选择、击球时身体各部分发力时间顺序和肌肉感觉等。经常要求运动员重视回击各种来球的肌肉感觉表象，有利于尽快形成各种熟练的动作技巧，并能在比赛中得到正常发挥。表象训练在运动训练中，是体脑结合的科学训练方法，也是一种自我训练方法，对提高技战术水平能起到重要的作用。

（四）意志训练

意志训练是运动训练中有目的地使运动员克服各种困难，调节运动员的心理状态，使其去从事达到预定目的的活动。培养意志品质，主要是通过克服运动实践中本身的困难和教练员有意出的难题进行的。在克服困难的训练中，可以参考以下方法：

（1）鼓励法。表扬本队意志坚毅的队员，宣传乒乓球界依靠意志顽强战胜对手的事例，激励队员去学习、仿效，从而培养队员不畏困难、勇攀高峰的意志。

（2）诱导法。激发和诱导运动员对某种训练手段的兴趣，并与提高运动员的事业心和责任感结合起来，让运动员在参加训练实践中得到意志的培养。

（3）刺激法。通过科学的大运动量训练，使运动员能承受大强度、大密度、大难度的考验，以增强克服困难的勇气和信心。特别是在疲劳的状态下进行这种训练，对运动员的意志品质培养有积极的促进作用。

（4）强制法。教练员的命令、训练规定要求及竞赛规程中的规定等内容，不管运动员乐意不乐意，运动员必须保质保量地完成。运动员在从事和完成这些活动的过程中逐步培养起顽强的意志。

在对运动员进行意志训练的过程中，关键的还是运动员主观对意志力自我培养的自觉性。只有运动员具有了培养意志的要求和愿望，才能收到良好的训练效果。

（五）心理调节训练

在运动训练和比赛中，运动员常因受到各种环境条件的影响，而导致心理活动发生异常变化。例如，当乒乓球比赛打到关键比分或关键局时，赛场气氛的变化、对手的情况、观众的情绪，都可能给运动员的心理活动带来一定的影响，影响他们对技术动作的有效控制。这就需要运动员学会进行心理调节适应，以便排除由于比赛的环境条件变化而引起的异常心理变化。对于训练或比赛中出现的各种情况，可以采用各种不同的暗示方法进行有效的心理调节，即在事先建立一种积极的想法去代替可能产生的消极想法，使运动员把全部注意力都集中在自己的战术行动上，从而排除来自主客观的各种干扰，促进运动员技术、战术水平的发挥。当训练或比赛出现对自己不利局面引起心理波动时，要学会利用规则，控制好比赛的节奏，并在恰当的时机利用暂停机会，与教练员一起分析双方技战术发挥情况，扬长避短，稳定自己的情绪，减轻急躁情绪和焦虑，调整好心理状态，使比赛局势朝有利的方向转变。

心理调节训练主要是建立一种战胜对手的信念，用一种积极展望前景的思维去代替消极思维。但是，这种"信念"和"前景"`的展望不能脱离主观实际，过高或过低的展望都会产生不良的影响。调整的方法更多的是以内部激励语言的形式表现出来。所以，平时应根据训练或比赛中可能出现的情况，合理使用，反复训练，就可以在训练和比赛中取得积极的效果。

参考文献

[1] 陈敏敏，廉迎战.乒乓球比赛模拟控制系统[J].科技信息，2010（23）：679-680.

[2] 程飞.高校乒乓球教学中对专项学生能力培养的研究[J].科技展望，2016（5）：206-206.

[3] 程云峰，张虹雷.乒乓球运动[M].杭州：浙江大学出版社，2015.

[4] 崔萃.浅谈高职院校乒乓球基本功的教育学[J].拳击与格斗，2016(18)：11.

[5] 崔秀馥.乒乓球[M].北京：北京体育大学出版社，2003.

[6] 冯智.乒乓球教学方法的归纳与应用[J].魅力中国，2014（26）：210-210.

[7] 赫立夫.乒乓球运动的健身价值研究[J].新商务周刊，2017（23）：264.

[8] 姜昂.高校乒乓球教学方式多样化改革探索和研究[J].科技资讯，2018，16（35）：150-151.

[9] 孔维曼.多球训练法在乒乓球教学中的应用[J].科学与财富，2018（1）：48.

[10] 李村.全民健身与乒乓球运动的审美娱乐性[J].长春理工大学学报(综合版)，2005（03）：89-90+71.

[11] 李荣志，顾楠.乒乓球运动的历史与文化[M].上海：同济大学出版社，2016.

[12] 李霞. 对乒乓球运动员的身体训练与恢复的探讨 [J]. 安徽体育科技，2008，29（5）：61-63.

[13] 廖远朋. 乒乓球运动常见损伤的预防及治疗 [M]. 北京：科学出版社，2017.

[14] 林志红. 陈红. 体育传播：运动媒介与社会 [M]. 北京：中国传媒大学出版社，2006.

[15] 刘少鹏. 乒乓球运动的技术创新与优势转移规律 [J]. 河南师范大学学报（自然科学版），2017，45（6）：112-117.

[16] 刘同众. 看图学打乒乓球 [M]. 合肥：安徽科学技术出版社，2017.

[17] 卢杰国. 浅析乒乓球训练中常见运动损伤的致因分析与预防策略 [J]. 灌篮，2019（16）：49，60.

[18] 马文. 浅谈乒乓球步法对技术掌握的影响 [J]. 体育时空，2015（24）：137.

[19] 毛晓荣，郑志刚. 乒乓球运动教程 [M]. 成都：四川大学出版社，2006.

[20] 裴玉东. 乒乓球项目教学模式的创新应用 [J]. 体育时空，2017（4）：97.

[21] 宋喆. 心理训练：乒乓球运动员必须掌握的一项技能 [J]. 文体用品与科技，2021，5（5）：42-43.

[22] 孙勇. 乒乓球教学实施"发现教学"模式的探讨 [J]. 新教育时代电子杂志（教师版），2014（3）：138.

[23] 滕守刚. 对我国乒乓球竞赛表演市场的发展对策研究 [J]. 吉林体育学院学报，2008（05）：49-50.

[24] 王敏. 高校乒乓球互助式教学初探 [J]. 赤峰学院学报（自然科学版），2016，32（3）：206-207.

[25] 王平. 乒乓球 [M]. 东营：中国石油大学出版社，2009.

[26] 王深波. 高校乒乓球选修课教学方法综述 [J]. 当代体育科技，2014（11）：91-91，93.

[27] 王钰心. 影响高校乒乓球运动发展因素的探讨[J]. 体育科技文献通报，2020，28（7）：172-173.

[28] 奚红妹，魏农建，左鹏，等. 中国城市消费者个体差异对体育消费观念和消费行为的影响[J]. 体育科学，2010，30（3）：30-35.

[29] 邢家瑞. 妙观乒乓球赛管理系统研究[J]. 智能城市，2016（3）：124-125.

[30] 俞蕙琳. 乒乓球[M]. 北京：高等教育出版社，2004.

[31] 张国峰. 乒乓球运动性疲劳产生及其恢复方法[J]. 体育时空，2018(5)：32.